職業為「聲優」。

會選擇這份職業，
是因為所有我喜歡的事物、
我熱衷的事物，
都能夠活用在這個領域中。

對於任何事情，都全力以赴。
那些事物，在某一天終究會
成為你自己的力量。

有一天，
一切都會成為你的力量

梶 裕貴

瑞昇文化

【給台灣讀者的訊息】

夢を持つこと、そして夢に向かって努力することの素晴らしさは、全世界共通です。
本書籍に込めた思いが、言葉や文化を超えて、より多くの皆様の心に届くことを祈っています。

懷抱著夢想、並且朝著夢想努力向前邁進，這件事情的美好是全世界共通的。
我希望自己寫在這本書裡的想法，能夠超越語言及文化，傳達到更多人的心中。

梶裕貴

第2章

朝著夢想前進這件事 47

第3章

「聲優」是什麼樣的工作？

第4章

所謂的專業人士

第5章

為了能持續被選上 137

序言

我的職業是『聲優』。

所謂聲優，如各位讀者所知，就是幫動畫、遊戲，或者是外國電影進行配音等等，在各式各樣的媒體當中擔任『聲音的演員』此一工作的人。

我會下定決心「將來當個聲優吧」，是在我和各位相同的年紀，也就是14歲的時候。

當時的我認識到有聲優這種職業，受到了非常大的震撼，覺得自己「就是要做這個工作！」因而坐立難安，立刻就為了希望能成為聲優，而展開各種行動。

但是，要成為聲優，到底該做些什麼事情？應該要做些什麼呢？當時我完全不明白——。

還記得那時我因此而悶悶不樂地度日，覺得非常痛苦。

如果是現在的話，只要使用網路搜尋一下，就能找到許多具體的方法對吧？

書店裡也陳列了不少內容詳細的教科書，可以提供給希望成為聲優的人做參考。

但我認為，在大街小巷隨手可得的資訊當中，似乎並不能真正傳達出以此職業為志向的真實魅力、以及難處。

同時，雖然我到現在都還在不斷摸索，但畢竟也是拼了命地在這條路上一路走來，因此，我認為自己應該能夠告訴大家一些東西吧。

我已經30來歲，在各位眼中，也許是個年齡差非常多、了不起的大人，但我在這條路上的專業程度，還不過是個「菜鳥」罷了。

但是，我仍然比各位距離這個職業，有著距離稍近一些的觀點，因此也許能夠說出一些讓人感到迴響的言詞——。

思及至此，我決定寫下這本書。

擁有夢想，能讓人生變得多麼快樂、多麼炫目，又是多麼珍愛呢。

我希望能夠透過我目前為止的半生，讓大家多少能夠感受到這些事情。

另一方面，要讓大家讀這本書的內容，我也覺得實在有點害羞。

當我還是國中生的時候，第一次想著要成為聲優的那股傻勁。

不管做什麼事情都不順利，無法出人頭地時期的迷惘。

以及不知為何就是搞不定的家人關係等等。

我把各種事情，都赤裸裸地寫了下來。

但如今年過30，我重新回頭望向自己一路走來的道路，不禁感受到，我十幾歲時感到煩惱的光陰、二十幾歲時埋頭苦幹地努力度日，都是非常重要的時間。

沒錯，其實我和大家都是一樣的，煩惱自己的問題、以及與家人之間的關係，也曾經有著對將來懷抱不安的時期。但因為我在人生很早的階段，就已經能夠想像「想成為那樣的自我」，所以我也有許多地方，能夠被這樣的念頭拯救。

因此我想告訴各位，首先要「擁有夢想」，然後我希望大家能夠明白，有了夢想之後「看待人生的方法可能因此改變」。

並且，那個夢想並不是在一個伸手遠不可及的地方，它至少也會在各位目前生活度日……也就是14歲日常生活的延長線上，這點還請大家務必銘記在心。

這本書是依照我的經驗以及見解，從各種角度來思考關於『聲優』這個職業。

因此，對於願意伸手拿起這本書的各位，我想送你們一句話。

一切都會成為你的力量。

這是過去，當我和各位一樣都是14歲的時候，我自己感觸至深的話語，也是成為我生存方式、思考方式的一句話。

隨時認真面對眼前的事物，持續全力以赴——。

如果這本書，能夠給各位未來的人生一些提點；也能夠讓各位心中對於聲優這份工作，有了更進一步的認識，我想——

沒有比這更幸福的事情了。

第1章

當我14歲的時候

不希望有人對我發怒、也不想被討厭

在為『聲優』這個巨大主題揭幕之前，我想應該先從身為聲優的我，究竟是個什麼樣的人開始說起。

也許會有人想：「怎麼會從無關緊要的事開始說……？」但其實這是有著非常深切關係的故事在其中。還請各位稍微忍耐，繼續讀下去吧（笑）。

當我年紀還小的時候，曾經被帶去看我最喜歡的戰隊英雄表演。在歷經各種情節發展的後半戰，英雄們陷入危機當中，而擔任司儀的大姐姐，就對著現場的小鬼頭們喊話：

「有哪些小朋友願意一起作戰呢！」

幾乎所有的孩子們，都活力十足的猛然舉手。甚至還有孩子不斷跳起來，表達自己熱切的意願。

但我卻只是默默地，呆站在原地。

明明我自己也非常想和英雄們一同戰鬥，但就是無法把手舉起來。

……因為那樣我會覺得好害羞、好可怕。

沒錯，孩童時期的我，明明好奇心比別人旺盛，卻又是非常非常害羞、有點麻煩的男孩子。加上我又會怕生。總之我非常不想讓自己太過顯眼、也不擅長主張自己的想法。

但非常不可思議，我小學時代擔任班長、國中時期擔任學生會長。現在想起來，自己也覺得實在是非常彆扭的少年時代呢（笑）。

想想也是理所當然。

當時我為了回應周遭之人的期待，只是拼了命地去做而已。

那是由父母、老師、班上同學、朋友、隊友們對我所抱持「你這孩子／你啊，就是這種人」這樣的印象，所造成的期待。

一旦明白他人對自己有著何種期待，就算覺得「其實我不喜歡、好不安」，也還是會努力自我說服，想著「應該要如此」，而下意識的「扮演起」那樣的角色。

現在想想，我最害怕的應該是背叛了周遭之人的期待、而使他們感到失望吧。

話雖如此。

其實真正的我，在不認識的人面前、或者是許多人的面前，被要求得說些什麼時，就會覺得非常可怕。

要是聽的人，對於我開口說出的事情有厭惡感，該如何是好——。

一想到這件事情，我就渾身無法動彈了。再怎麼說，我實在不希望有人對我發怒、也不想被討厭。

因為我是擁有與外在表現完全相反內心的人，因此當我國中的學生會長任期結束時，我還感受到「怎麼會這麼自由！」這種無可比擬的巨大解放感。雖然我沒有自覺，但在不知不覺之間，可能已經承受著「我得好好做才行！」的無形壓力吧。

雖然我是這樣的人，不過經過上述那種孩童時代，如今已成為大人的我，已經完全克服了怕生、以及害羞……怎麼可能，基本上性格還是沒怎麼改變（笑）。

那麼，這樣的人，為什麼終究還是成了聲優，而且還能夠持續到今天呢？

我想這恐怕是許多害羞之人、以及怕生之人非常能夠感同身受的。「雖然討厭積極地讓自己變顯眼，但如果只比內心暗藏的野心及夢想之大，可是不會輸給任何人的！」大家是不是也有類似這種「其來無自、隱隱約約的自信」呢？把這種事情化為文字寫出來，總覺得還是有點害羞呢……（笑）。

但是，那份熱情思想絕對不會扣分，如果能夠好好控制，便能夠成為一把強而有力的武器，引領你在必要的時刻跨越自己的弱小。

之後就只需要找到能讓你發揮那份力量的地方。

就像曾經非常害羞的我，能夠遇上讓我衝撞既有能量的場所，正是『聲優』一職。

我相信各位也一定能夠遇上命運的造訪。在那之前，希望大家不要忘記自己那份熱烈的想法。

就算是毫無根據的自信也好。只要將這個想法緊緊鎖在胸口，「自我」就絕對不會動搖。

在第1章當中，我想告訴大家的，就是我在和大家差不多年紀的時候，究竟都在想些什麼。

將來有想成為什麼樣的人嗎？

各位有將來的夢想嗎？

成為大人之後，想進入哪個行業、從事哪種職業呢？

又或者是有很多人仍然找不到想做的事情、或者想成為的人物，為此而感到苦惱也說不定。其實我也曾經是這樣的人。

不過，以我來說，也許應該說是——想做的事情、想成為的人太多了，無法只決定其中之一，可以說是有點奢侈的煩惱吧。小時候我擁有非常多自己想成為的樣貌。

比方說足球選手。契機就是在我小學低年級的時候，有個電視動畫叫做『足球風雲＊1』。我非常憧憬主角雖然心中懷抱各種芥蒂，卻依然閃爍無比光輝的樣子，因此馬上就踢起了足球，完全沉溺於足球的樂趣當中。

「我也想像那樣踢出一腳好球！」

一旦我打定主意，腦中成天就只想著要成為足球選手。

放學之後和朋友們踢足球到天黑，回家以後也默默地自己練習著。

「該如何才能踢出強勁的射門呢？」

「如果遇上了身材比自己還要高大的對手，又應該如何是好呢？」我經常想著這

＊1　『足球風雲』｜1990～2003 年在「週刊少年 Magazine」上連載的足球漫畫。作者為大島司。是透過足球來描繪少年成長的青春群像劇。1993～1994 改編動畫在富士電視台播出。

些事情，就這樣過了好一陣子生活。

……想著想著，過了一段時間之後，我又開始做起了其他夢想。如果我的體育成績比較好的話，就會想著：「我想在奧運上獲得金牌！」大概是這種情況。

不是只有運動方面而已。如果在美術課的時間，覺得畫畫實在非常開心、又加上我也喜歡漫畫，曾經有一段時期，我也想著「想當漫畫家！」呢。

之後，也曾經有一段時期覺得念書實在是非常開心。那個時候，我的夢想是「想要成為科學家！」、「我想要發明些什麼東西，對人類有所幫助！」之類的。

不管是念書或者是運動，我的習慣就是一旦迷上了，就會非常熱衷。

以好的方面來說，就是「對任何事物都有興趣、好奇心旺盛的少年」；以不好的方面來說，就是「同一件事情無法持續三天以上的沒耐心傢伙」呢（笑）。

但每次有新的夢想，我都會想著：「應該要如何做，才能更接近我的夢想呢？」用盡全力、認真的思考。

而我小學生時期的夢想就是這樣。可能還是受到漫畫以及動畫非常大的影響吧。『灌籃高手＊2』開始流行時，我就打起了籃球。在看『名偵探柯南＊3』的時候，也會想著：「我想成為偵探！」甚至學校裡有人掉了東西，還會認真地扮演起名偵探，領頭開始進行搜查呢（笑）。

雖然是非常孩子氣的率直念頭，但當時的我，一直都是非常認真的。

現在回想起來……或許是這樣也說不定，其實我正是想要成為自己最喜歡的角色，「演出」自己以外的某個人吧。

經常思考「自己應該做些什麼」

對於各種事物都有興趣、並且每次都會挑戰，對我來說，在這之間始終沒有改變、讓我一直都非常喜歡而持續下去的，就是足球了。從小學三年級到六年級為止的

＊2　**『灌籃高手』**｜1990～1996 年，於『週刊少年 JUMP』上連載的籃球漫畫。作者為井上雄彥。以籃球為主題，描繪高中生們的青春年代。1993～1996 年由朝日電視播放其改編動畫。

＊3　**『名偵探柯南』**｜1994 年起於『週刊少年 Sunday』連載的偵探漫畫。作者為青山剛昌。1996 年起於讀賣電視、日本電視台等播放其改編動畫。是由樣貌變為孩童的天才高中生偵探工藤新一逐一解決困難事件的故事。

4年之間，我都隸屬於學校的ＦＣ（※譯註），非常熱衷地在踢足球。畢業之後我仍然喜歡足球，上了國高中雖然並沒有進足球社，但也仍然會找鄰居朋友們一起踢球。

我現在也還是非常喜歡足球，只要有時間就會去看比賽。

當我隸屬於ＦＣ的時候，雖然曾歷經過許多不同位置，但最後仍然被賦予了中後衛的身分。

所謂的中後衛，就是防守中央的關鍵，可以說是守門員前的最後一道防線也不為過。也許會有人覺得「後衛不是非常樸素嗎？」但這個位置其實是非常重要的唷。

的確，以足球來說，提到顯眼的位置，就會令人聯想到華麗地將球踢進球門、取得分數，負責攻擊的前鋒。即使對足球不太熟的人，我想應該也曾經聽過Ｃ・羅納度和梅西等等世界知名的明星選手吧？他們都是前鋒選手，的確是非常帥氣呢！

盤球繞過對方、自己努力衝破防線當然很好；或者在球門前擺好姿勢、等待夥伴

※ 譯註：足球俱樂部

傳過來也沒有問題。基本上前鋒的工作，就是要取得分數。因此不管打算怎麼行動，基本上都會被允許，是非常自由的位置。而且只要取得分數、現場就會人聲鼎沸，能夠獲取所有的鎂光燈、成為焦點。

相反地，我負責的中後衛這個位置，工作就是不能讓對方通過、抵達自己的後方。如果被超越了，敵人的前鋒就會和我們的守門員一對一，分數被拿走的可能性就會變得非常高。

因此我們後衛，就必須經常思考：「面對敵方的時候，我們應該要如何行動呢？」並沒有什麼自由或想像性。真要說起來，就是個像是「職人」般的位置。如果自己一旦失誤，就很可能會造成致命性的危機。我們被賦予的責任非常重大。即使如此，因為並沒有那種簡單易懂的華麗動作，因此也不容易受到矚目。

但是就因為是這樣的位置，所以非常符合我自己的個性。

我想，我一定是過於自由就會失敗的類型。在受限制的情況下該如何行動——思考這件事讓我覺得非常開心。

「針對目前的狀況，我自己應該做些什麼呢？」
「在比數落後的情況下，應該如何防止對方的攻擊呢？」
一邊環顧四周，就很容易思考自己的一舉一動。
當然這也伴隨著責任，但我同時也感受到這件事非常值得我去做。
我想自己的這種性格，多多少少有在日常生活中展現出來。

在各位的朋友當中，一定也有許多性格形形色色的人吧。
大家可以回想一下，在進行對話的時候，乍看之下非常積極談話的人，很容易讓大家認為，他們就是領導著整個對話的人……不過，雖然這是理所當然的事情，但會話並不是只有一個人就可以成立的。還得有人在絕佳時機加以回應、或者向沉默的人提出話題，然後才造就一個快樂的談天時間。真要說起來，我就比較擅長擔綱像這樣的「帶動角色」。
不管在足球或者朋友關係當中，團體合作的意義都是相同的。感受並分析現場，找出自己應該要做些什麼，然後再盡到各自的角色分配工作就行了。

回想起來，少年時代透過足球體驗了這些事情，對於我之後的人生，都是彌足珍貴的財產。

關於人際關係的煩惱，時間會幫你解決

14歲前後，也就是所謂的國高中生，對於正在渡過這個敏感時期的各位來說，親子以及家人關係，是非常困難的課題對吧？面對那些同時具備愛情與嚴厲、無論是好是壞都把自己當成孩子一般對待的父母，可能忍不住覺得：「他們好煩啊！」雖然自幼時起就無條件接受他們的一舉一動，卻也開始會產生疑問及反感，甚至可能會覺得：「我不想再待在這種環境當中了！」因而逃出家門也不一定。

我在國高中生時期，也曾經非常煩惱與家人的關係。我和母親、以及小了我9歲

的妹妹雖然感情非常好，但和父親的關係卻總是搞不定……。現在雖然已經能夠與他邊喝酒邊聊天，但男人之間還是挺複雜的。

在當時我的眼中，父親實在太過認真，真是一點也不近人情。在事間萬物的道理方面，也許他說的是正確的事情，但在十幾歲的我眼中，卻覺得非常沒有道理。

在我自己心中有著無法動搖的正義，並且絕對不允許它脫離軌道。我與這樣的父親凡事皆有衝突，他也經常對我發脾氣。

我不禁覺得，自己會變得極端恐懼被人怒氣以對，也許有一部分也是因為這樣的心理障礙吧！

現在想想，這也未免短視的太過可怕了，而正這是「青春期」。

正值此青春期、身為國中生的我，發生了一件事情。

不知是哪根神經錯亂，我竟然打算在「父親節」寫信交給他。「先前一直無法將自己感謝的心情率直地告訴他，如果寫成文章的話，他會不會感到開心呢？」這是非常純粹的心情……原本應該是這樣的，就是一封感謝的信。

預計要寫的內容是：「托您的福我才能長這麼大，這一切都是由於您工作賺取金錢，讓我得以溫飽的緣故。」大概是這樣的內容。

但是寫著寫著，內容不知為何越來越奇怪。

一回神，發現接下去的詞句成了：「我不想成為像您這樣的人。我會變成一個能夠了解孩子的心情、成熟偉大的男人讓您看看。」大概是這樣子。

……這完全就是開戰宣言。

其實這篇文章真正想傳達的內容是：「托父親的福，我也已經長大到了能夠思考各式各樣事情的年紀。我將來也想要成為一位理想的父親，總覺得已經大概知道會是什麼樣子。雖然和您會有些許不同，但我想成為一個與孩子之間距離非常近、居家型的父親。」大約是這樣的內容。

讀了這封信的父親，應該是非常受傷吧……（笑）。

但這畢竟是孩子的淺見。還希望您原諒我，對不起。

即使是與父親有過這樣曲曲折折的過往，我們現在感情也變得非常好……呃，是有點難以這麼說啦。但我已經長大了、父親也變得較為圓滑，所以我感覺到我們的關係也已經產生變化，不會再像從前那樣互相衝撞了。

2016年3月的時候，由『鑽石王牌＊4』這個棒球漫畫原作所改編的動畫，有個合作企劃，讓我在東京巨蛋舉行開球式。令人欣慰的是，我能夠招待爸媽去觀看那場比賽。

父親是巨人隊的大粉絲，從前我們就常一起看電視轉播比賽。

雖然我沒有成為棒球選手，但不管是怎麼樣的形式，能讓他看見我站在巨人隊的主場東京巨蛋的投手丘上投球，我想對父親來說，我也是盡了一點孝心吧。

對於正在多愁善感青春期的各位來說，除了家人關係以外，也許各種人際關係也是各位煩惱的根源。

＊4『鑽石王牌』｜2006年起於『週刊少年Magazine』開始連載的棒球漫畫。作者為寺嶋裕二。描述身處棒球名門高中的棒球少年澤村榮純，以登上甲子園球場這個舞台為目標的成長故事。2013～2016年於東京電視台開始播放動畫。

因此，如果要以已經渡過那個時期的身分，要在此稍微給你們一些建議的話——。

說不定這是到處可見的話語，但是關於「時間會解決一切」這句話，我希望大家能夠放在心中的一個角落。

人與人之間的關係，即使只有一點點變動，也會隨著時間經過而確實產生變化。即使是乍看之下不管發生什麼事，都不會有變化的家人之間，也會因為某個契機，而有了無法想像的變化。這樣的可能性仍然非常充分。

同時，當你自己成為大人之後，能夠看見的東西也會逐漸轉變。

當你覺得眼前的困境佔用所有心力，因而痛苦的無法呼吸時，還請想起這句話。

最後，我和父親之間，後來還有一個小故事。

這是我長大之後才聽我母親說的，據說我父親年輕的時候，似乎也非常憧憬配音的工作——也就是想成為聲優。這也太令人驚訝了吧！

一路走來，重新回顧自己……總覺得有點懊悔，但是我心中過於強烈的正義感、以及頑固的方面，都和父親十分相像呢（笑）。
果然是父子。說不定正因為某些地方過於相像，所以才會既衝突又非常相合吧。

這是個無論什麼事都全力以赴，就會讓一切成為力量的職業

我第一次留意到聲優這個職業，是在我國中二年級的時候。
從小學生起，我就一直憧憬著各式各樣的職業、不斷變心。
對於這樣的我來說，會決定要走上聲優的道路，是因為知道了這樣一句話：
「所謂聲優，就是不管任何事情都盡全力而為，而這一切總有一天，都會成為自

己的力量。聲優就是這樣的職業。」

究竟是在電視上聽到的、還是在書上讀到的呢？這種枝微末節的事情我已經想不起來了。但是，我記得自己在知道這句話的瞬間，感受到了宛如五雷轟頂的衝擊。

也就是：「你所做的一切努力，都會對聲優這個職業有所幫助。」除了足球、網球或籃球等等運動，漫畫或讀書、甚至是學生會長的經驗……。這些全部都被包含在內。

「怎麼會有這麼適合我的職業呢！」

我的好奇心過於旺盛、不管什麼事情都會馬上一頭鑽進去，這個職業簡直就是為了我而存在的啊——。

這句話宛如肯定了我的思考方式、以及我當時所經歷過的人生，那時的我確實大受感動。

可以喜歡任何東西、或者沉迷於任何東西，完全不需要隨著喜好，變更將來的夢想。拼了命努力做的那些事情，全部都和夢想連結在一起。

以遊戲來說，就是盡量把所有技能數值點到最高就對了。

「這個世界上，居然有這種職業！」

從那瞬間開始，我的夢想就成了聲優。當然我從小就喜歡漫畫、動畫、遊戲這些事，肯定也為我這個選擇在背後推了一把。但最令我自己驚訝的，就是在那之後我就再也沒換過夢想。

我不知道要怎樣成為聲優！

決心要「任何事情都全力以赴」的梶姓少年郎，針對剛剛才決定的夢想，覺得沒有立刻做一些什麼具體的行動，實在渾身不對勁。

但是要成為聲優，到底應該做些什麼呢？

當時的我能夠掌握的，就是「聲優＝擔任動畫配音和影片重新配音的人」這種非常一般性的常識。因此我思考著：「要成為聲優，應該要在哪裡學習什麼呢？」

舉例來說，想要成為警察，去警察學校就可以了；如果是美容師，也有美容職業學校；機師的話就去航空大學、或者是飛行員培訓所；足球選手的話，只要在俱樂部球隊裡展現出成果即可。陶藝家的話應該是要拜師學藝吧？

我試著思考各式各樣的職業，總覺得大致上能夠想得出前進的路線。但對於聲優，卻完全沒有頭緒。是否類似想成為歌手的人那樣，參加歌唱比賽？聲優也有聲音的比賽嗎？

如今在網路上，就能夠輕鬆地搜尋要如何成為某個職業的方法。只要用智慧型手機搜尋「想當　聲優」，我想應該就會出現許多培訓所的訊息了。但是在1999年，我國二時，那時候網路環境才剛開始發展，當然我家裡也並沒有網路可以使用。無法使用網路，我想對於現在的國高中生來說，都是無法置信的事情吧（笑）。

就像這樣，我完全不知道該做些什麼才好。為了要獲得些許的情報，只能前往書店，以我那微薄的零用金購買了聲優雜誌。

雜誌上刊登有許多專業聲優的樣貌，他們除了配音＊5以外，還會唱歌跳舞、上廣播節目，活躍於各式各樣的場所。我驚嘆於聲優的工作幅度之廣，憧憬的心情也就更加強烈了。

另外，由於我有了更加具體的「想成為聲優」的心態，看動畫的方法也開始改變了。

「這個聲音為什麼會這麼有正義感呢？」

「光靠聲音就能夠這麼有魄力啊！」

我開始看起了演員們的名字，同時也發現，即使是同一位聲優，他的聲音也會有各種不同的樣貌。

「這跟剛才的聲音相比，氣氛完全不一樣！」

＊5　**配音**｜為沒有聲音的動畫添加聲音的工作。日文的「**アフレコ**」是「**アフター・レコーディング**（after recording，事後錄音）的簡寫。若是為歐美電影配音，也稱為「**アテレコ**」。

＊6　**『秀逗魔導士』**｜1990 年起在富士見 FANTASY 文庫上連載的輕小說系列。作者為神**坂一**。1995 ～ 2009 年改編為動畫系列播放。是以異世界為舞台，描繪魔導士莉娜・因巴斯（林原惠配音）的活躍故事。

「並不是只用很好聽的聲音在唸台詞呢。」

在我重新開始體會到聲優這個工作的厲害、以及深奧之處的同時，我也對於作品的劇本以及編輯的能力等事物開始產生興趣。也變得比以前更想要理解動畫了。

當時我特別喜歡的動畫，是『秀逗魔導士＊6』系列、『失落的宇宙＊7』、『無限的未知＊8』等等，都是非常受歡迎的作品。

而在這些我最喜歡的作品當中，擔任大多數主角的就是林原惠＊9小姐和保志總一朗＊10先生。

我第一次知道他們的存在時，真的非常驚訝：「居然有演了這麼多主角、超厲害的聲優呢！」

跟大家聊個閒話。

對當時還是中學生的我來說，我非常憧憬某位前輩——林原惠小姐。她對我來說幾乎就跟動畫角色沒兩樣、是脫離現實般的存在。在2014到2019年的3年

＊7　**『失落的宇宙』**｜1992～1999 年富士見 FANTASY 文庫上連載的輕小說系列。作者為神坂一。1998 年被改編為動畫。故事舞台是在遙遠的未來，主角凱恩（保志總一朗配音）等人與巨大犯罪組織「Nightmare」戰鬥的歷程。

＊8　**『無限的未知』**｜1999～2000 年間播放的電視動畫。故事發生在人類幾乎滅絕的近未來，描寫被留在神秘的太空船未知號上的孩子們的故事。

之間，我獲得了與她共同為我從孩童時期起就很喜歡的動畫『精靈寶可夢＊11』系列配音的機會。回頭想想，這真的是奇蹟啊！就算告訴國中時代的我說：「你將來會跟林原惠小姐一起為寶可夢配音喔！」我想我本人也不會相信的吧（笑）。

好了，讓我們回到原本的話題……。

就在我持續尋找線索、翻找著聲優雜誌的時候，有一天，『日本播音演技研究所＊12』這樣的文字忽然躍入眼簾。當時我還是中學生，就算是一直都有看雜誌，也不會將注意力放在廣告上。

「播音演技……？這個該不會就是要培養人成為聲優的學校吧？」此時我才首次得知有培訓所這樣的存在。

我曾經聽說，聲優風潮這樣的東西，過去也曾經發生過幾次。加上書店也有好幾種聲優雜誌，因此我認為當時正是『想成為聲優』的人也不在少數的時機。但如前所述，那時網路並不普及，因此資訊並沒有豐富到，會將這個話題傳到居住在埼玉某個

＊9　**林原惠**｜女性聲優，1967 年出生。於 1986 年以動畫『相聚一刻』出道成為聲優。由於『亂馬 1/2』的女亂馬一角、及『新世紀福音戰士』當中的凌波零角色，而一躍成為極受歡迎的聲優。代表作品有『七海小英雄』的奈奈美（七海）、『精靈寶可夢』的武藏、及『名偵探柯南』的灰原哀等角色。

＊10　**保志總一朗**｜男性聲優。代表作為『機動戰士鋼彈 SEED』煌・大和、『最遊記』孫悟空、『戰國 BASARA』真田幸村、『暮蟬悲鳴時』前原圭一等。

小鎮中的中學生耳裡。

另外，到了現在，已經有能夠從小學就開始接受課程的培訓所，但就我所知，當時並沒有國中生就能夠參加的課程和徵選會。

「這樣啊！果然和要成為畫家就有美術學校一樣，也有能夠培養出聲優的學校呢。那就是培訓所吧。」

「如果有『培訓所』的話，那裡應該就是會提供能夠成為聲優的課程吧！」

「只要去這裡上課，真的就能夠成為聲優嗎？」

對我來說，這就像是從厚重的雲層之間，射下了一道光芒。但同時我也忍不住非常負面地想著，「我還是國中生，怎麼可能去東京的學校上課呢？」

直到自己成為大人的現今，其實也感受到從埼玉的老家到東京，並不是多遠的距離（搭電車換車大約一個半小時左右），但對當時的我來說，東京簡直就跟國外一樣遠。加上我還有學校生活、也有社團活動，實在沒有那麼多的時間。最重要的是，要去培訓所，必須要有某種程度的金錢才行。

＊11 『精靈寶可夢』｜1996 年起發售的電玩遊戲系列作品。1997 年起在東京電視台播放改編自電玩的動畫系列作品。動畫內容描寫立志成為寶可夢大師的小志與夥伴皮卡丘的冒險友情故事。

＊12 日本播音演技研究所｜是聲優事務所 ARTSVISION、I'm Enterprise、VIMS 等的集團公司。為聲優、播音員培訓所，於首都圈、仙台、名古屋、關西圈皆有發展。

雖然我好不容易覺得自己看到了希望之光，但實在是不夠符合現實。

我一邊消沉地眺望著廣告，忽然又看見了『給想成為聲優的人，課程錄影帶販售中！』這樣的文字。這和那間培訓所一樣，是由日本播音演技研究所發售的。

印象中價格大約是兩萬日幣。

「好想要！但是好貴……！」

對現在的國中生來說，我想，兩萬日幣應該還是很大的一筆金額吧。

即使如此，對當時走投無路的我來說，這是好不容易找到的希望之星。

「只要買了這個，一定會有一條道路出現的。」而我手上就拿著微薄的存款及剩下來的紅包錢。

我想，如果和身邊的朋友商量關於買錄影帶這件事情，一定會被他們說：「為什麼啊！買兩三款遊戲軟體絕對比較好！」然後阻止我吧。畢竟如果是我自己，在對聲優還沒有興趣的時候，一定也會這樣警告他們吧（笑）。

我也覺得自己還真能下定決心呢。

但以結果來說，到了現在我還是覺得買了這個錄影帶實在是太正確了。如果在那個時候，我沒有遇上課程錄影帶的話，就算有熱情也找不到投射的對象。更有可能的是，成為聲優這個夢想，也許就會逐漸淡去。

之後我就看著課程錄影帶不斷訓練。試著發出聲音閱讀漫畫、將動畫錄起來後寫下台詞，自己做出劇本，試著配合影像講出台詞，每天都為了成為聲優而腳踏實地地進行「自我練習」。為了儲備體力而開始慢跑；為了能發出更大的聲音而訓練腹肌，雖然沒有什麼根據，卻也像這樣開始鍛鍊身體（笑）。

現在回顧過去，這些實在沒辦法說是直接對於詮釋角色有所幫助的練習。

即使如此，我還是不得不做些什麼。

我不斷重複看著自己買的錄影帶，直到影帶嚴重磨損，不斷培育我那成為聲優的夢想。

重要的經驗常常就擺在你眼前

你是否常聽到大人說「時間過的真快」呢？

對於各位來說，每天都能體驗到新的事物、感受到新奇的感覺，因此那也許是一件難以想像的事情。

但是，那種說法絕對沒有錯。

成為大人以後，會感覺到時間流逝的速度越來越快，每年、每月、每天，總是匆匆地就過去了。恐怕這是因為大人不斷累積經驗、習慣了各種事物，逐漸失去了新鮮感，而自己感情的震盪幅度也就越來越小了。

回頭想想，我學生時代度過的那些時間，真的是非常珍貴。

理所當然的日常生活、平淡無奇的學校生活等等。

那些都是時間一旦走過，就再也無法回頭的東西。不管當時覺得是如何微小的事情，現在也都成了寶物。

拿著這本書的讀者，我想應該也有人還在尋找自己想做的事情；另一方面，可能也有人很快就已經找到自己將來的夢想及目標，說不定，還有人跟從前的我一樣，目標就是聲優呢。

如果已經有個具體的夢想成型，那麼應該也會覺得心癢難耐，認為自己目前有些非做不可的事情。也會覺得「念書真是太麻煩了」、或者「社團活動太浪費時間」等等。

但是，就算是乍看之下毫無意義的事情，一旦讓自己經歷過，對你來說都是無可取代的財產。

為了要成為聲優，我想，接觸大量動畫及遊戲、聆聽諸多前輩聲優的演技也挺重要。但是，除此之外，我認為『親身體驗』對於有志成為演員之人來說是非常重要的。理由就在於，實際上發揮演技時所需要的，就是由自己的經驗及體驗來表現。

舉例來說，要演國中生的時候……如果沒有那個年齡時才有的日常經驗，也就很難具體地想像、表現出來吧？

教室裡的吵鬧聲、響徹體育館裡那射籃的聲音、走廊上冷冰冰的空氣、雨停之後通學路途上那種濕答答的氛圍及氣息。那些看似毫無用處的記憶，有意識或無意識地混進人聲，那樣的演技能夠帶出聆聽之人的共通體驗——。

那些學生時代的經驗，是成為大人以後越來越無法輕鬆獲得的貴重體驗。就算我現在和各位處在相同的場所，要我以那個年紀獨特的澄澈感受性去體會這些東西，我想也是非常困難。

所謂『經驗成為記憶的抽屜』並不只限於想當聲優的人。雖然形式不太一樣，但我想其他職業也都有這樣的情況。尤其是如果想從事的職業，是那種要表現些什麼、或者創作什麼等，藝術方面的工作。對於這些人來說，這種『經驗的抽屜』數量，正是他們手上的武器。

戀愛也是非常重要的一種經驗。告白或者被告白、順利地交往下去、或者被拒絕而被甩了等等。當時感受到的幸福或痛苦，一喜一憂都會成為自己成長的糧食。

就算是現在認為「我才沒有那種對象！」的人，也會有自己獨自度過午休、或者放學後熱衷於去做某件事情，在某個瞬間忽然感受到寂寞等，那些許多只有當事人能夠感受到的東西，是獨一無二的重要經驗。

話說回來……即使是我自己，當初對於每天發生的事情，也不會處處想著「這對塑造角色有幫助」度日。什麼東西會成為自己的財產，對於身處其中的當事人來說，其實是很難明白的。因此，我們要總是對於眼前的事物竭盡全力才行。

就算現在還不明白未來的事情，也沒有關係！

在你認為「這種事情好無聊」、「反正我辦不到」之前，請先試著盡你的全力。如果沒有認真對所有事情拚上全力，是找不到能夠熱衷的事物的。

用盡全力衝刺的盡頭，一定會有未來的自己站在那裡。

第2章

朝著夢想前進
這件事

「自我」是什麼呢？

國中畢業後，我在高中進了話劇社。

現在也許可以直接進培訓所、走上聲優的道路，不過如前所述，當時我對於培訓所的印象是「要花很多錢、是大人去的地方」。

因此，我暫時只能自己繼續努力下去了，這麼一想，我做出的選擇就是：「既然打算當聲優，那麼至少該挑戰一下與戲劇相關的事情！」

孩童時代起，我就不太擅長走到人前、或者在多數人面前表現自己，真的是咬緊牙關才能下這樣的決心。在國小、國中時與我一起踢足球、打軟式網球那些朋友們，很自然地仍然進了體育類的社團。但我卻進了社員幾乎都是女同學的文化類社團——話劇社。

剛開始由於與我從前的環境落差太大，我也曾經卻步。再怎麼說，我可是打算當聲優的人。要是說不敢走到人前，在現今應該有很多工作都無法擔任吧。

我先前都是在家裡，自己一個人做著類似配音的練習，但話劇社當然是必須要在人前演戲的。

『所謂的演戲究竟是什麼樣的情況呢？』

如果因為「演出的角色與自己相去甚遠，因此無法演出」，那可就當不了演員。不管是什麼樣的角色，演員都必須找出與自己相關聯之處，將那點加以擴大、使角色栩栩如生。

因此，演員必須要先徹底面對自我才行。不僅僅是觀察自己喜歡的東西、或者自己有自信的那些事情；而是應該連自己討厭的、其實不想看見的那些面相，一律都往下挖掘、藉此尋找出能夠演出角色的提示。

「自我是什麼呢？」

將這個問題丟給自己、不斷詢問，我首先感受到的是「我並不是如自己所想的，那樣美麗的人類」。雖然總覺得自己是個還不錯的人，但仔細觀察內在，意外地就能看見許多骯髒以及醜陋的部分，大概就是這樣（笑）。

我先前都是在無意識的狀態下，想著「盡量當個好孩子吧」、「還是回應周遭的期待吧」做出一舉一動，而那就是我的行動原理。青春期的我發現這件事情的時候，因為感受到無可奈何的罪惡感而非常痛苦。

但不知道為何，同時也忽然變得非常輕鬆。

面對自己的同時，雖然發現了許多弱點及討厭的事情，但也終於體會到「不需要達到完美啊」、「不好又怎樣呢」。

我想，正因為是有那樣子的高中話劇社經驗，才會培養出我的人類性情以及社會性格吧。

對於現在作為聲優進行活動的「梶裕貴」來說，可能大部分就是由此而生的。

孩童時代起，我對於各式各樣的事情非常熱衷，因此成為「某個事物」。可一旦要有意識地演出時，反而相反地會回過頭看見「自我內在」。實在非常有趣。

綜合前述的話題，我想要告訴各位的是，「不好的不是只有你而已」。因為我自己也很糟糕啊。即使如此，我還是成為聲優了。

事實上，每個人都不是很好啦（笑）。

大家都只是把這些事情隱藏起來而已，大人也無一例外。並沒有完美之人。

夢想就應該說出來

什麼是「飾演」呢？

以我身為一個演員，進了話劇社除了能夠稍微接觸到這方面以外，還有另一件事情讓我覺得，這個選擇真是做對了。

最重要的就是，話劇社當中有和我一樣以成為聲優為目標的夥伴！

對於在中學時代，不知何種做法才正確的我來說，有相同志向的夥伴，實在感到安心無比。能夠遇到對方實在是太開心了。

而更令我感激的，就是能夠從他們身上獲得各種資訊。

高中一年級的夏天，夥伴當中的一位朋友拿著雜誌的廣告，跟我說：「好像有徵選會唷！」而那正是ARTSVISION附屬的培訓所「日本播音演技研究所」的免費新人培訓徵選會。

「日本播音演技研究所……。好像有在哪裡聽過耶？」

「……啊！就是我那課程錄影帶的公司！」

對，我怎麼可能會忘掉那個聲優講座錄影帶的發售公司。

而朋友帶來的廣告上，寫著的竟是若能通過該徵選會，就能以特別待遇學生的身分，免費每週上課一次。

「居然可以免費上培訓所的課！」

儘管當時我根本還沒參加徵選會，卻已經在心中描繪出自己去上課的樣子，興奮不已。

能夠獲得這樣的資訊，也是托了話劇社夥伴的福。如果他們沒有告訴我這個資訊，我大概根本不會注意到那個徵選會的事情。就算自己發現了其他徵選會、甚至就算是合格了，如果是需要學費的課程，我想當時也是必須要放棄。

正因為如此，如果各位有真正想要實現的夢想，就算是覺得害羞、或者沒有自信，也請務必要告訴其他人。

如此一來就能像我一樣，出現連自己都意想不到的神奇緣分，因而能夠找到意外的道路——。

而且，有相同夢想的夥伴，真的是非常棒的事情唷！就算是面對一個人無法超越的難關，如果有夥伴或者對手的存在，就能夠繼續努力。對我來說，能夠在人生早期的學生時期就遇到這些同伴，實在是非常幸運。

終極的選擇裡，沒有「如果～就～」！

在那之後，雖然我是第一次參加徵選會，卻漂亮的及格了，感激不盡地得到走進培訓所大門的機會——。

這樣寫的話，聽起來好像是我一切順順利利地上了軌道，不過實際上……。

那時候的前後經緯其實還挺戲劇化的，還是讓我稍微回顧一下吧（笑）。

就在我通過第二階段考試後，便發生了騷動。

沒想到最後階段的考試日期，竟然和話劇社的公演日期是同一天。

「運氣怎麼會這麼差……」

「該怎麼辦才好……」

當然，這原本是不該覺得煩惱的。這可是所有話劇社社員團結一致，花了好幾個月打造出來的舞台。而且我擔任的可是主角。我怎麼可能在此時告訴大家：「我要去參加徵選會。」然後讓舞台開天窗？

但是，就算清楚明白這件事情，另一方面，那可能是通往我憧憬的聲優之路的大門——。這件事情讓我的心情萬分動搖。

現在回想起來，我也覺得自己無知到令人驚訝。我居然覺得自己如果順利通過徵選會的最後階段考試，就能夠馬上以聲優的身分大為活躍。而且也覺得如果無法參加這次考試，這個夢想就會一口氣遠離自己。

實際上應該還會有很多機會，而如果只是因為某次徵選會失敗、因而就放棄了的話，那麼，這個夢想也不過如此程度而已。

但畢竟以高中生的經驗來說，實在是無法想像到這些事情……。

最後我只好抱著柔腸寸斷的心情，下了「回絕徵選會」的決定，並且聯絡事務所這件事情。

我還記得那時自己想著：「也許再也不會遇到這麼大的機會了。」而非常失落。

但是，幾天後事務所卻連絡上我，他們居然說，願意再另擇他日辦徵選會！

結果就如同我一開始說的，感激不盡、我及格了。

回顧當時，徵選會的參加人數大約是2700人。當中及格人數為3人，是非常低的合格率。

900人當中才有一個。要是我在參加前就知道這等合格率，大概會嚇得跌坐地上不敢前去了吧。

之後我告知話劇社的朋友們我合格一事，他們也開心到像是自己被選上一般。

看到他們的樣子，我再次感到無比開心的同時，也有一些些心酸。對於我自己竟然偷偷地把公演和徵選會放在天秤上比較，感到後悔無比。

要是那時候選擇去徵選會的話……。

之後的高中生活，肯定會滿懷罪惡感、無法舒適地讀完高中了吧。

當時的我沒有實力、也沒有經驗。能夠獲得『合格』這個最佳結果的理由，我認為便是不以自己的事情為優先，最後仍將夥伴們的事情擺在第一的這種思考方式。也就是我能做到「雖是理所當然，實際上卻非常困難、人性化的決定」。

「這樣我就能成為聲優了！」我滿心積極地想著。

但是──之後，我徹底了解到這個世界才沒有那麼輕鬆愉快。

是的，這個階段的我，其實連走向聲優道路的起跑線都還沒站上。

能夠比其他人更加努力到什麼程度呢？

我在徵選會合格的那年春天，也就是我高二的時候，開始去培訓所上課。

從我老家埼玉縣到東京都內的培訓所要花一個半小時。先前雖然也曾和家人及朋友一起前往東京，但我畢竟還是第一次自己出門去東京，因此對於當時的我來說，抵達培訓所大門口就已經是個挑戰了。

我去上課的培訓所，課程分為三個階段：基礎科、本科、研究科。大致上來說就是初級、中級、高級這樣的分類吧。

基礎科當中會學習身為演員所需具備的各種基礎，如肢體伸展、發聲、清晰發音、腹式呼吸、朗讀、台詞、即興劇等等。本科則多是為了提高表現力及創造力的課程，會使用舞台劇本授課，逐漸累積大家戲劇的經驗。

研修科則是更接近聲優現場的課程內容。由身為專家的心態講起，會使用舞台劇本排演、配音實習、也有廣播劇形式的發表會等等。在年度尾聲會於培訓所內舉辦徵選會，如果能夠合格，就會直接成為集團簽約的聲優，大概是這樣的形態。

我一開始進的基礎科，大約有20位學生，幾乎都是社會人士。當時才高中二年級的我，是最年輕的。當中還有跟我母親差不多年紀的學生，總覺得「混在大人當中上課」這件事情本身，就真是挺特別的。

話雖如此，先前也提到過，其實我是非常怕生的。因為實在是不太能和不認識的人們一起行動，因此我記得自己一開始真的是非常緊張。

回想起來，為了讓當時年紀最輕的我多少能夠安心些，班上的人其實都非常疼愛我吧。就算我因為緊張的要命而不敢開口，周遭的大人都還是會關照我、來向我搭話。對我來說，人生前輩眾多的培訓所氛圍實在是讓人感激不盡。

我就這樣在令人感恩的氣氛當中，快樂的上了好一陣子的課……。但是上了一陣子基礎科的課以後，對於每週一次三小時的授課及講座，我已經覺得有些不夠過癮了。

那也是理所當然。每週才三小時而已，怎麼可能這麼簡單就實現我的夢想。

「這個課程真的是為了我而開的嗎？」

「來回東京就要花三小時，這樣真的值得嗎？」

我懷抱著這些不安感，就這樣持續上課渡過了半年。

響。

那時，講師對我說了非常棒的一席話，這對我將來的專業意識有著非常大的影響。

「課程的三小時，只不過是用來發表的場合，並不是訓練的場所。除了這個時間以外的一整週，都是上課時間喔。」

也許他從我的態度上，已經感受到我那種被動的樣子吧。

我猛然清醒，因為這完全說中了我的痛處。

我從小時候，就非常堅持要「將自己熱衷的事情放在第一考量。」即使如此，我卻在不知不覺間變得非常被動，認為只要上了課就能自動成為聲優。

明明就算是徵選會合格了，以特殊待遇學生身分去培訓所上課，也不會就此拿到了「通往聲優一職」的車票啊——。

「我只不過是抓到了可能成為聲優的『機會』而已。現在應該為此而每天實踐該做的事情才對。」

戲劇是非常深奧的。但是培訓所是『在那之前的階段』。

也就是甚至還沒站上戲劇世界的起跑線。

還不到論斷戲劇是好或者不好。演員是否記得台詞、對於角色花費了多少熱量與愛情？在培訓所有限的課程時間當中，能夠明白的大概就是這些差距。

「這點事情怎麼能夠輸給其他學生呢！」

成為班上第一名可說是理所當然。課程對於所有人來說，都是非常公平的每週三小時。而要在那三小時當中思考角色營造和演技規劃，時間當然是不夠的。

因此在課程以外的時間，我就不斷思考「如何才能提高戲劇的品質」，並且徹底實踐這個行為。到課程當天為止，我會用自己各式各樣方式來嘗試如何接近該角色，就這樣一直試到上課當天。在學校的下課時間、打工的休息時間，不管何時都行。只要有任何空閒，我就會開始練習台詞；經常性地把應該如何表現才能給人衝擊感當成課題來思考。

實際上這就和念書的預習及複習非常相似。

學校的課程基本上就是使用教科書，已經事先決定好要教授哪些課程。也就是先自己念過一輪，掌握自己不擅長的部分、不懂之處。那麼上課的時候就能夠重點聽取那些部分，便能夠理解到「原來如此」。如果在上課時非常被動，那麼光是要整理進到腦袋裡的資訊就非常辛苦了。

培訓所的課程也是一樣，應該要事先想好演技規劃，在自己內心反覆做好各種情境訓練。如果有這些事前準備，那麼就能夠毫不迷惘地釋放出自己解讀的演技。

態度方面是被動還是積極，吸收速度是完全不一樣的。

不管是念書還是社團活動，我想所有事情都是一樣的，如果想要超越別人，又或者必須要超越他人的話，總結就是一句話：「能夠比其他人更加努力到什麼程度呢？」

當然有時候也要靠運氣，畢竟還是會有自己無法考量到、因他人念頭而觸發的事情，也許會有遺憾的地方。但是不管怎麼去想那些事情，也不會有任何助益。這樣的話，就盡可能做到自己至少能做到的努力。感受到已經盡力了，是非常重要的，能夠這樣想的話，也會有自信。因為做到這等程度，才能覺得「之後的事情只有神明才會知道了」。

聲優這個職業，乍看之下也許會有人認為，是非常靠與生俱來的才能以及運氣左右的職業。但絕對沒有那回事。

同時，一旦決心要以此為目標，那也就要有相當程度的覺悟才行……。

因此，自己能夠做些什麼呢？

其實答案非常簡單。

就是對於眼前的事情，毫不遲疑地全心全力以他人兩倍的努力去做，就只是這樣而已。

從我開始去培訓所上課到高中畢業，總共是兩年。若以明確的進展來定義這兩年，那可說是毫無成果的一段日子。我對於這種狀況感到有些焦慮，因此忽然想試試自己的實力，決定參加某個徵選會。

那是名為「VS徵選會2003」的徵選會，對象是以聲優和歌手為志向的年輕人。

那次徵選會上優勝的是喜多村英梨＊1小姐。另外還有茅原實里＊2小姐、藤田咲＊3小姐等，這些目前活躍於第一線的聲優，有許多人參加了當時的徵選會。而當中我也拿到了最終階段獎（亞軍）。

「太好了！這樣也許我就能拿到工作了！」

……我又抱持著因為無知才會有的些許期待了。還真是無法從先前的騷動學到教訓呢（笑）。

理所當然，現實生活並沒有就此改變。我還是每天過著沒有聲優工作、持續打工與上課的日子。

＊1　**喜多村英梨**｜女性聲優。1987 年生。幼年期即以童星身分活動。2003 年參加「VS 徵選會 2003」獲得優勝，以『LAST EXILE』中的塔琪安娜·魏斯洛一角出道成為聲優。代表作是『BLOOD ＋』音無小夜、『救難小英雄　逆襲的三惡人』畢瑪喬等。

＊2　**茅原實里**｜女性聲優。2004 年以『天上天下』中的棗亞夜一角出道成為聲優。代表作是『涼宮春日的憂鬱』長門有希、『南家三姊妹』南千秋、『吹響吧！上低音號』中世古香織等。

現場就是最能學習的場所

高中畢業後，我開始獨居，也還是每天不變地邊打工邊上培訓所課程。

第一次獲得能夠留下些形式的工作，是在我18歲的時候。那是個遊戲的工作。

並不是有著非常多台詞的角色，現場也只有我一個人。收錄大概只花了1～2小時就結束，算是比較容易的內容。但我卻記得，明明不是什麼難度很高的收錄工作，我卻感受到了前所未有的緊張。

在那之後，又繼續過了許多沒有聲優工作接濟的日子。當時的我就算能夠被叫到現場去，也不過就是學生1或者士兵A這種沒有名字的角色。當然，不管是任何角色，對於該作品都是非常重要的存在。必須盡心盡力去做，這點是不會改變的。即使如此，台詞的量少，能做的事情也就非常受限。因此一旦到了現場，除了戲劇以外，我還拼死地想要多少吸收一些其他的事情。

＊3　**藤田咲**｜女性聲優。負責歌聲合成軟體『VOCALOID系列』中初音未來的角色聲音。代表作為『光之美少女：食尚甜心』琴爪緣／馬卡龍天使、『進擊的巨人』尤彌爾、『暗殺教室』律（自律思考固定砲台）等。

我比任何人都早到錄音室，向之後到場的演員們、工作人員們打招呼，坐在角落的座位負責開關門、調整空調等等……。我經常都在思考，在這裡必須留心，身為一個新人，有哪些我能做的事情呢？

「學生1」並不被要求需要有「個性」。不需要表現出「看看我吧！」的誇張演技。他必須好好盡自己的角色本份，以該作品一個齒輪的身分存在當中。

不過，最重要的是，能夠有親身體會在課程當中無法學習的「現場氛圍」，親耳聆聽前輩聲優們的戲劇演出，這樣的機會讓我非常開心。這比任何的課程都能夠有學習效果。

當時我真的認為能夠身處現場，就十分幸福。而沒有那樣的機會時，我就只能每天打工。

「我到底在做什麼呢……？」有時候也會出現這樣滿心消極的心情。

在此時，我也覺得不能一直這樣下去，因此召集了一樣身為聲優實習者的同伴們，進行自主練習或者參加工作室等等，拼了命地找尋自己能夠做的事情。

但與我同樣努力的聲優同伴們，越來越多人被叫去現場工作——。

長時間持續這樣的狀況，不禁默默地覺得「我果然還是沒有才能嗎……」，有股「不安」襲上心頭。

黑暗時代中發生的「兩個事件」

接下來要說的，是我自己黑暗時代的故事（笑）。

……話雖如此，現在回想起來，其實也不是那麼悲慘的狀況啦。只是當自己身處其中的時候，完全不明白應該如何是好，只記得自己每天都非常痛苦難過。

聲優要能夠抓到大角色的機會，就是去參加每個作品召開的「徵選會」，然後合格。這並非任何人都能夠參加，通常都會先決定好每個事務所可以參加的人數。

我當時隸屬於ARTSVISION，是規模非常大、簽約聲優數量也非常多的事務所。由於有許多在最前線活躍的前輩們，因此我這個超級新手連要參加徵選會的機會都很難遇到。

此時，發生了兩個「事件」，足已將焦頭爛額的我推落谷底。

當時除了培訓所以外，有個會聚集剛進入事務所沒多久的演員，幾個月辦一次的工作室。

而其內容就是用專家們也會使用的錄音室，以動畫或電影配音、廣播劇等題材，在第一線活躍的音效指導眼前實際演出。

正是在這萬分貴重的工作室當中發生了那件事——。

那天的課程當中，角色分配分為A組及B組，會分別交替演出主要角色及配角，各自演出不同角色的內容。也就是替換成另一組的時候，一定會有演出『好角色』（主要角色）的機會。

我先在A組演出「服務生1」這個角色。幾乎沒有台詞。也就是我換到B組的時候，應該能夠演出『好角色』。

「好！我要趁此機會好好表現！」

但是……。

當結果揭曉時，我在B組竟然被排到「服務生2」。並不是艾力克或者馬克。居然又是服務生的角色。

我可不是來上服務生的課啊！（笑）

雖然我覺得「該不會是哪裡弄錯了？」但事務所的工作人員並沒有特別通知要訂正。

話雖如此，剛出道的小雛鳥實在說不出口：「我剛才也演了服務生，這次請讓我演出主要角色！」這種話。

「啊，事務所已經不打算照顧我了吧……」

如果前輩聲優演出主要角色，那麼我演個配角也是可以接受。但眼前正在演出主要角色的，卻是與我同期的人。儘管我有自信比別人多一倍的努力，而這樣我還是沒有中選的事實，深深傷了我的自尊心。

在我從工作室回家的路上……。

我滿心覺得自己不中用、事情做不好，滿臉流著悔恨的淚水。

在幾個月後，又發生了讓我更身陷泥沼的事件。

原本很難參加徵選會的我，終於實現了願望，獲得了能夠參加某個電視動畫主角徵選會的機會。

由於上一次的事件，我總想著「也許我根本就沒有才能……」而意志消沉，因此這對我來說是難得的好運。對於那次的徵選會，我所投入的熱情是非常盛大的。而且第一階段審查、第二階段審查也都非常順利地通過，終於讓我來到了最後關卡前。

「只要這個徵選會合格，我的聲優人生終於就要開始了！」

我心中充滿了期待。

到達會場之後，那裡有一位和我拿著相同稿子的不知名男性。年齡也和我十分相近。

沒錯，來到最後關卡的就只有我和他兩個人而已。

也就是我們兩個誰的演技比較好，誰就會合格——。

機率是50％。沒有比這更清楚明白的了。明白自己置身於何等狀況，更加點燃我的爭鬥之心。連緊張的心情都一吹而散，我非常實際地感受到自己在集中心神演出角色。

命運的結果發表，是在我無法忘懷的2006年底。

那時我正在和朋友踢室內足球。之後卻看到我的手機上有著事務所打來的未接來電以及留言。我的心臟由於期待又緊張，簡直就快爆炸了。

「我已經盡了所有的努力。冷靜點，只是聽個留言而已。」

我用顫抖的手指操作手機，確認了未接來電的內容。

但是……。

「這次真的是幾乎闖到最後了呢……但是非常遺憾。」耳裡傳來的是負責聯絡我的窗口消沉的語氣。

聖誕節結束之後，街道上都在準備迎接新年、非常熱鬧。每個人都非常快樂。我很喜歡年底的氣氛。就是那種要迎接新的一年、整個城市都非常興奮的感覺。但那天由於我徵選會落選的打擊太大，幾乎是沒有什麼好的回憶。

「問題是在我身上。我自己得改變才行。」

不知道在想什麼，我衝動地去了美容院，試著剪了個幾乎就是雞冠頭的奇怪髮型（笑）。

當時，不可能換個髮型就換了個人。我明明應該非常明白這件事情，但還是想改變些什麼。想做點什麼。

我想大概是有點自暴自棄吧。這也是我最常思考「是否別當聲優了」的時期。

而我在徵選會落選的作品，是從4月開始播放的春季新節目。剛過完年，就開始有動畫雜誌等介紹該作品，當然也寫出了擔任主角配音的聲優姓名。

在徵選會現場的就只有兩個人。也就是我立刻知道了，當時在那裡的對手是誰。

他叫做『代永翼＊4』。

「原本可能是我的名字寫在這裡啊。」

明明機會早已經從自己的手上溜走，但每當看到報導就會如此想著。這樣的狀況真的非常痛苦，更重要的是，我討厭這樣的自己。

好啦。

透過這兩個事件，大家是否能夠體會到當時的我有多麼迷惘了呢？（笑）

為了每個機會或者失敗就忽喜忽悲的。

順帶一提，第一個事件還有後話。

就是那個工作室。為何我在那時無法拿到表現機會呢？

幾年後我才戰戰兢兢地問了事務所的人，結果他們說：「已經決定要讓你升到更高的等級，所以不需要在那邊審查你的能力啊。」

……既然如此，幹嘛不早點跟我說啊！

＊4　**代永翼**｜男性聲優。1984 年生。2007 年以『王牌投手　振臂高揮』的主角三橋廉出道。代表作為『閃電十一人 GO3 銀河』皆帆和人、『Free!』葉月渚、『卡片鬥爭！！先導者』先導愛知、『偶像星願』和泉三月等。

要是那時候在現場我就鼓起勇氣詢問的話，也許就不會體會到如此跌落谷底的心情了。我深深地感受到，不管是多麼不好開口的事情，有必要的話就應該要好好開口說出來呢（笑）。

第二個事件換個角度想想，其實就結果上也能說我是「往好的方向走了」。儘管我先前連參加主角徵選會的機會都沒有，但那次我還是被選上，成為「也許可以演出主角的兩人之一」。

「狀況其實沒有想像中的糟嘛。」

「如果再努力一點，也許就會再有機會降臨在自己身上了。」

……說老實話，當時雖然沒有非常嚴重，但實在也沒有精神這麼想。

但是，不管如何消沉，我都還不至於果斷放棄聲優這條道路。因為我後悔的心情遠大於那種想法。

「我都還沒被發掘呢！」

不管是不是不行，我實在無法就此放棄。即便一度消沉，我的心情也再次轉變為鬥志，「總有一天要讓你們見識一下！」不斷地重複這個心境過程。

我想並非只有我，會在向前奔走的時代遭受許多挫折。與過去的我相同，有著不得志時代的演員一定都會因為過於不安，而曾經有過脫序行為的『黑暗時代』吧（笑）。

是不是應該換間事務所？是不是該參加工作室？還是應該賭賭運氣，拼命參加聚餐看能不能有新的機會——？

也許周遭的人看來，只會覺得是過於迷惘而採取的行動，但當事者本人可是非常認真的。因為總得做些什麼才行。

但是就結果上來說，我認為經歷那些辛酸時代的經驗，也和自己至今能在這個業界持續奮戰有所關聯，不是嗎？

就算是開始能夠獲得工作，也還是會起伏不定，也有許多失敗而消沉的經驗。但是那些障礙，多少都能夠以「這才沒有什麼。能拿到工作就很好了」的心情跨越過去。

如果一開始就非常順利地上軌道，那麼對於工作的飢餓精神就會減弱，一旦遇到瓶頸，也許我就會非常容易放棄聲優這條道路了。

超越不得志的時代

工作上缺少的，就只能用工作還。將深陷谷底的我拯救出來的，正是再次造訪的徵選會機會。

那是在2007年播放的電視動畫『鐵馬少年＊5』的主角徵選會。

首先會由錄音帶徵選開始進行。根據往例，我並沒有權利請公司讓我使用完善的錄音室，只能用會議室裡的錄音機來錄音。提交那個錄音帶之後，和平常一樣等待著結果。

幾個星期後，就在我和朋友去東京迪士尼海洋樂園玩的時候，我不經意地看了看

＊5　『鐵馬少年』｜2005～2008年在『週刊少年 Magazine』上連載的公路自行車賽漫畫。作者為安田剛士。高中生篠崎命由於小時候的心理創傷而無法騎腳踏車，卻被拉進了自行車社團。由於感受到公路自行車賽的愉快而逐漸喚醒才能。2007年改編為電視動畫在東京電視台播放。

手機，才發現有來自事務所的未接來電。因為我很期待這次去主題樂園玩，所以直接把手機設定成靜音了。我那時非常掉以輕心地想說，只是很平常的聯絡事項而已吧，沒想到打開留言，一聽卻是：「關於你先前參加的徵選會一事，有事情要跟你說。麻煩你再回電。」

「為什麼不跟我說結果？」

「還是有發生什麼問題嗎？」

我心中充滿不安，急急忙忙地打了電話去事務所，沒想到對方開心的說：「『鐵馬少年』的工作確定了！」

話雖如此，畢竟上次徵選會的懊悔記憶猶新。在我小小開心了一下的同時，也為了要能在徵選會的下個階段更加努力，所以詢問了後續排程的時間。沒想到……。

這次對方居然只聽了錄音帶徵選，就決定要用我了！不要說是預料，根本是從來都沒想過的情況，一時之間我也糊塗了，問了好幾次「真的嗎!?」，害得聯絡窗口也非常困擾呢（笑）。

不管是好事或者壞事，前來造訪的時候都不會有預兆的。

沒錯，也就是說我確定要演出電視動畫的主角了！

「我第一次通過徵選會！是主角！」

喜悅、興奮、期待。與這些心情同時浮上的，還有至今為止的辛酸及懊悔，以及對於今後的不安感等，各種感情一口氣從胸口湧了出來。那是我有生以來第一次感受到的感覺，讓我幾乎聽不見周邊熱鬧喧囂的吵鬧聲音。

高中時代，人生第一次參加徵選會合格了之後，以特殊待遇學生身分站上了起點，我非常地開心。但和這次徵選會合格相比，簡直微不足道。努力了好幾年、體驗挫折，即使如此仍不放棄，終於獲勝取得這個結果。那難以形容的高昂感，即使在許久過後慢慢收斂起來，最後仍然留下了強烈的『好開心』的心情。

人類在開心過頭的時候，真的會流眼淚呢。即使我原本是比任何人都還要在意他人目光的類型，那時候卻真的是顧不得當下狀況，哇哇大哭了起來。在迪士尼海洋樂園裡誇張大哭的成年男性，我看就只有我一個人吧（笑）。

過了一會兒好不容易冷靜下來，馬上又想到「得立刻表達我的感謝心情」，立刻就打電話給最支持我的母親，向她報告這件事。母親因為聽出我和平常的樣子不太一樣，覺得有點驚訝，但聽說我在徵選會取得了主角一職，也在電話的另一頭高興得宛如是她自己贏得機會，說著「真是太好了」，和我一起哭了起來。

在開心之後浮現的感情是「我要好好做！」的心情。我離開了迪士尼海洋樂園，直接前往書店。當時手頭雖不寬裕，我仍然把『鐵馬少年』所有已經發售的原作漫畫集數買齊，然後在家裡閱讀的時候，看著看著又開始大哭。

雖然一樣都是眼淚，但這和幾個月前我從工作室回家路上所流的眼淚，是完全不一樣的。

能夠演出的喜悅

確定演出『鐵馬少年』的主角篠崎命，終於能讓自己覺得「我能讓大家看見我了！」

先前演出的角色，都是學生1或士兵A。當然那些角色也非常重要，但『鐵馬少年』中我卻一舉成為主角。能以固定班底身分參與工作，對我來說可是第一次的經驗，完全就是個未知的世界。

記得在迫不及待地期待著每週一次錄音的同時，等到接近錄音當天的時候，又會覺得「我能做得好嗎……」充滿不安的心情。

拿到了常態演出的角色，每次都能參加錄音之後，共演者及工作人員們就會開始記得我的臉和聲音。尤其是對於怕生的我來說，能讓共演的前輩們認識我，就是一件大事了。如果在現場至少有一位我認識的人，就比較不會那麼緊張了。見面的次數增加以後，雖然只是一點點，但對方也會開始了解我。若是有比較大哥風範的前輩到場，還會逗著我說「這傢伙很有趣喔」。

如果是兩季的作品，那麼相同成員就會處在一起半年，因此和各位演出人員一起聚餐的機會也變多了，也算託此之福，在演戲以外時間的緊張感也逐漸減弱，自己真正想表現的東西也漸漸開始成形。

就像是堅固的閥門開始轉鬆，先前沉積在我心中、那些對於戲劇的想法，感覺上也開始慢慢地冒了出來。

擔任主角的人，在現場很容易就會被分配到「座長」這樣的角色。講起來就是像『演員』這個部門的領導者。這並不只是屬於聲優圈的說法，在舞台劇或電影界也是一樣的。

由於故事基本上會以主角為中心發展，因此演出時間一定會比較長。為了讓作品更加完善，身為座長必須要能夠掌控現場氣氛。在創作一個作品的時候，現場必須要氣氛良好才行。

而『鐵馬少年』的主角，是我。

原本應該是我必須要負責座長這個角色責任的。但在這個時候，對於「身為座長應該要做些什麼」，說老實話，我是完全沒有想過的。

總之，當時我對於自己的事情就費盡全力了，完全無法顧及周圍的事情。現在回想起來，我應該是給前輩們添了不少麻煩吧。

現在的我對於「座長」的思考方向，就留待後面再來跟大家分享——。

『鐵馬少年』之後，我參加徵選會的機會也比以前有所增加了，第二年我在『夜櫻四重奏＊6』這個作品當中，也獲得了主角比泉秋名的演出機會。在這個作品認識的許多人，我現在也還多有往來，是對我來說非常重要的團隊。

在我遢到谷底的時期，能夠連續有兩個非常棒的作品／座組＊7來到我面前，對於已經半死不活的我來說，給了我偌大的希望與勇氣，讓我覺得「也許我能夠繼續當聲優」。

＊6　**『夜櫻四重奏』**｜2006年起在『月刊少年天狼星』上連載的奇幻漫畫。作者為ヤスダスズヒト。2008年與2013年被製作為電視動畫。故事舞台是人類與妖怪共存的城鎮，描述女高中生町長槍櫻姬與生活相談事務所的所長比泉秋名解決日常生活中所發生的奇妙事件。

＊7　**座組**｜一個戲劇作品或舞台藝術等相關的所有人員。

這些美妙的緣分，對我來說，從當時到現在以及往後，都是無可取代的財產，是必定會留到未來的。

第3章

「聲優」是什麼樣的工作？

「切換的能力」與「瞬間爆發力」

我最常被問的問題之一，就是「如果你喜歡演戲，為什麼是成為聲優，而不是選擇走上當演員的道路？」

我自己也覺得非常不可思議，但是，自從我在14歲時知道了讓我銘感肺腑的那句話，也就是「所謂聲優，就是能將所有你努力去做的事物轉化成自己力量的職業」在那之後，不知為何，我心中就是從未浮現過演員這個選項。

說不定閱讀這本書的人，可能也有人正在迷惘著：「我想成為聲優！不過當演員似乎也非常有趣……。」我想這些人可以稍微聽我說說，我對於兩者之間不同之處的想法。

首先就是，聲優究竟是個什麼樣的工作。

最近錄音現場對外公開的機會也不少，因此我想，對於聲優是在什麼樣的環境下演戲，各位應該也有一定程度的印象了吧？

在動畫或者替外國作品重配現場進行的『配音』，會和共同演出的其他聲優，一起進入錄音室空間裡待命，如果自己演出的角色上場的時候，就移動到麥克風前，配合螢幕上出現的影像加入聲音，大概是這個樣子。順帶一提，要收錄一集30分鐘的動畫，通常大約會花費3～5個小時左右。

我想各位應該也知道，在配音的時候，基本上並非單純以自己的節奏和律動來表現，而是要配合影像中角色嘴巴的開閉和人物的動作，也就是有著一定的限制在，不能單純以聲音來演出。

另外，同時也需要擁有專門的技術。掌握麥克風的指向性後確定發聲位置、配合時間長度講完該句台詞的技術等等，都還是初步的基礎技術。若是由於編輯的流程問題，導致要「分開錄音」的話，還得和不存在眼前的對象演對手戲，在這種情況下還得讓對話盡可能更自然，這些技巧也是必須要具備的。

我對於影像或者舞台並沒有專業認知，但從聲優的立場來看，即使一樣是「演戲」的職業，所需具備的感性及技術，我想應該是天差地遠的吧。

當中我認為差異最大的，就是每個場景的心情切換。

在影像的攝影現場，如果一個場景結束之後，會先暫停一下，更換布景或者移動場所之類的，在這中間就會出現一段時間，而演員就可以趁這個空檔，讓自己能夠轉換到下一個場景要呈現的情緒對吧？

但如果是配音的話，基本上並不會因為影像的場景切換，就分開成另一段來收錄。就算中間有稍微休息一下，但基本上還是從頭播放已經編輯完成的影像，而聲優就配合影像演出角色。

也就是說，中間不會有任何中斷、必須持續變化心情，去配合場景切換，必須要有著能夠在一瞬間切換自己心情的技巧才行。

舉例來說，連續劇在劇情發展的過程當中，有個角色發生了非常悲傷的事件，因此在夜裡哭喊。但場景一切換，下一幕馬上就是第二天早上，這個角色用非常爽朗的笑臉說著「早安！」出現在鏡頭前。

劇中雖然有經過一段時間，但對演出的人來說，卻是必須要馬上切換的。

不過人的感情，原本就不是那麼容易切換的吧？（笑）

如果自己的心與角色同調過於嚴重，之後的場景就會很難切換，因而引發一些問題——。

這方面我認為也是聲優演技的困難所在。

另外，由於影像當中已經存在角色的樣子，不管是如何灌注熱情演出，只要脫離了那個角色的動作或形像，那就NG了。因為這個作品，並不只是要讓其他人看聲優的演技而已。

話雖如此，配音仍然是為角色注入靈魂的工作。如果只是隨口說出人物台詞，那聽起來就不會是能夠打動人心的聲音。該如何拿捏其中的平衡，十分困難。

其實如果能夠在場景之間稍微休息一下，有時間來營造下一幕的心情，也許會比較好。但動畫現場經常都必須與時間作戰。因此必須在已經決定好的時間內，帶出最好的戲劇才行。

沒錯，動畫製作中的聲優，再怎麼說也只不過是『音效團隊中負責演技部門的工作人員』罷了。因此現場是不可能配合聲優的情況來改動的。

當然，如果演員感情過於高昂的話，也是會出現先暫停收錄，等到聲優冷靜下來再錄下一個場景的情況。這樣說不定能催生出更棒的演出呈現也說不定。

但是一旦這麼做了之後，接下來就會產生『收錄時間限制』這個缺點了。

目前大部分的聲優工作，能夠分配給一個角色的時間是有限的。一天當中會進行多個作品，所以要同時切換腦袋和心靈，演出好幾個角色……。

這樣宛如特技表演般的情況，可是理所當然的。

也就是說，在不同現場當中，能夠發揮多少集中力呢？這種力量是非常需要具備的。

聲優與演員，我無法評論孰好孰壞。我認為兩種各有各的樂趣與難處，也有相應而生的應變方法。

話說回來，還有許多在這裡寫也寫不完的大量理由，讓我自己認為，對我來說，『聲優』這個職業，就結果上來看是適合我的。

聲優的工作是如何決定的？

聲優的工作是經過什麼樣的流程決定的呢？

各位讀到這裡，我想都已稍有了解，聲優為了得到工作，大部分都必須要經過徵選會。不管是新人、已熟悉業界的中生代，有時甚至連超級老鳥的演員也是一樣。

我想偶爾也會有那種「這個角色，務必希望可以由某某聲優配音」的情況，不過就結果上來說，這也是由於在其他徵選會當中脫穎而出，留下了成績，讓人對他的聲音留下了印象，才會有這樣的工作邀約。

機會是公平對人的。這樣聽來，百分百的新手，也可能在大型製作動畫的徵選會當中被發掘、馬上就被提拔成為飾演主角的聲優——這種像是漫畫情節中出現的灰姑娘故事，似乎可能性也挺高的，但實際上不會那麼容易就發生奇蹟。

再怎麼說，新人可是要和已經在第一線活躍的前輩們爭取角色啊！那些人和新人相比，不管在實力或者經驗方面，大部分情況下都有著某個程度以上的知名度、也受到大眾的歡迎。

那麼身為新人的我，是經歷哪些階段往上爬的呢？

一般會試著多參加幾次徵選會，偶爾可能拿到男A或者服務生這種超級小角色，這時一定要扮演好，然後觀望有沒有其他機會……不過若是像我過去那樣加入非常大的事務所的話，也會面臨不容易取得徵選會名額這類問題。

而且動畫徵選會，通常不會只有一次考試，而是會有好幾次的審查。

第一次審查會用錄音帶徵選，以聲音樣本來挑選。接下來第二次審查要在錄音室實際演出。一般來說通常在這個階段，應該就是最後一次審查，這時會決定分配的角色。不過偶爾也會有到了第三次審查還挑不出來，只好再縮減人數，然後又集合到錄音室去的情況。

沒錯，要在徵選會中取得角色，並非一件易事。不管多有實力，如果和角色的形象不合，就不會被選上，另外也還有製作單位的各種考量。再加上一個角色會有幾十人、看情況甚至會有幾百人競爭。必須要能夠接受「落選是理所當然」一事。

……雖然我自己這麼說，但我在新人時代，或者是即便到了現在，還是會因為徵選會結果而大喜大悲，這實在是難以改掉的習慣（笑）。

在我剛入行的的時代，完全不知道何時會有工作的機會。有可能會突然被叫去，演個只有那集出現的小角色；也會有那種早就決定好、兩天後就要進行的工作，卻因故取消的情況。

那麼我在那之間的生活費該如何是好呢？雖然每個人都希望能夠保有自己的初衷、只需要維持能夠集中在戲劇上的心神，但如果不做其他工作來賺錢的話，當然就沒飯吃了。而現況就是『為了生存』，新人聲優大多必須仰賴打工。

在我剛踏入這圈子時，也是這樣過生活的演員之一。我曾經歷經高爾夫球用品店、車站的便當店、漫畫咖啡廳、ＰＣ業務等等，有過各種打工經驗。

而新人聲優幾乎都會在打工方面碰到麻煩，那就是──「正職應該是聲優，但是完全不知道何時會有聲優的工作。」因為很可能會突然就接到聯絡，有緊急的工作、或者徵選會要前往，而讓打工排班變得非常困難。

因此，不可或缺的就是能夠在某種程度上予以通融的打工店家、或者是可以理解此事的打工同伴、以及上司的存在。以我來說，如果跟打工處告知我是聲優實習的話，慶幸的是大家都非常願意支持我，真的是受了不少幫助。

我打從心底感謝大家。

「泛用性」與「個性」

如同我前面所說的，當時身為新人的我，別說是工作了，連徵選會都很難得到參加機會。

話雖如此，也有一樣是新人，卻常被叫去參加徵選會的人。

「我們的差距到底在哪裡？」當時我非常煩惱。如果是參加徵選會之後落選了，那我還能理解，但對於連掌握這個機會的可能性都非常低的情況，讓我覺得自己被逼到了盡頭。

不管自己有多麼努力，卻根本沒有測試成果的場所。真是每天過得坐立難安。

現在我大概明白是什麼情況了。

容易拿到小角色機會的新人聲優，是那些擁有『高泛用性聲音』的演員。

我認為所謂高泛用性的聲音，就是『在某個程度上，不管演出哪個角色都不會讓人覺得奇怪的音質』。以男性聲優來舉例，如果他可以演出男高中生、也能演出50好幾的大叔，這種人就比較容易被叫到現場去，約莫是這種情況。

的確，以製作單位的觀點來考量，與其大量雇用只能演出一個角色的新人，還不如雇用一位能夠演出許多角色的人，無論如何在經費方面都會比較節省。

從這個方面來思考，我再檢視一下自己的聲音，就發現我的聲音的確稱不太上是『泛用性高的聲音』。而且當時我才二十出頭，聲音比現在更高。因此只會被選擇演出我實際年齡以下的國中生、或高中生等少年角色。要我客觀的聽自己的聲音，也會覺得「要演大叔的話真是很困難呢」。

「只能為少年角色配音。」

「聲音讓人太有印象。」

這樣一來，就很難被叫去配龍套角色＊1。

泛用性高的聲音能夠搭配許多角色，而有個性的聲音，就只能等待著鎂光燈照過

＊1　**龍套**｜日文中以 mob =「群眾」來表示。意指漫畫或動畫當中，「同學1」或「服務生A」等並未取名、且數量眾多的角色。

來的機會——。

現在我當然會積極地希望自己是後者，但當我還是新人時，總之就是想參加許多現場工作、累積更多經驗，再怎麼說最希望的就是「想依靠本業賺錢」。

順帶一提。

當我剛開始以聲優為目標時，梶姓少年郎心中所謂「理想的聲音」，就是孩童時代起就非常喜愛的戰隊紅——也就是「王道主角的聲音」。

似乎成為熱血正義的英雄，是我從小就有的憧憬呢（笑）。

在我記憶所及之處，並沒有明確的變聲期，但是一邊想著要接近「理想的聲音」，因而在現場硬是用假聲說話、吼叫又倒嗓，不斷重複著這些事情……。

弄壞了聲帶、治好；又弄壞聲帶，一再重複之後，逐漸變成現在的聲音。

恐怕有許多聲優也和我一樣，並不是一開始就是目前的聲音吧？各位，如果你有某種理想，有時候就算過於勉強，應該也會為了更加接近目標而拼命努力。

就算是覺得「我的聲音要當聲優太勉強了吧」的人，如果讓專家聽過了，也許會被評估為『非常有個性、具魅力的聲音』。而且身為人類、以及演員，在成長的同時，某種程度上也會有自己變化的可能。

當然對聲優來說，『音質』不過是武器之一罷了。

這個武器在與「戲劇」這個戰術合併後，能夠發揮多少力量呢？這才是對我們演員來說，應該要具備的資質。

另外這算題外話，不過各位有沒有聽到自己的錄音時，有種「怎麼這麼奇怪……？」的經驗呢？

其實平常我們聽自己的聲音，是經由空氣傳遞、在外部響徹的聲音，另外加上以頭蓋骨等為中心、於體內發出的聲音，也就是會同時聽見骨骼傳導的聲音。這和周遭的人聽到的聲音是完全不同的。非常不可思議對吧。

我第一次有意識地聽自己的聲音，是在看話劇社公演的影片時。對於聲音和平常認知的大大不同，雖然感覺到十分驚訝，但也認為「欸，聽起來就是這樣吧」，並沒有仔細思考自己聲音中的個性。會打算要當聲優，也不是特別因為「想活用自己聲音的個性」這種理由，也不是因為「對自己的聲音有自信」。

話說回來，在高中演話劇的時候，其他學校的話劇社老師，曾經稱讚我說：「具備不像是高中生會有的哀愁。並不是非常陰沉的聲音，但聲音中卻蘊含著陰影這點非常有魅力。」這樣一回想，說不定當時我的聲音，雖然還沒有那麼明顯，但就已經是會讓人留下印象的聲音了呢（笑）。

隔壁的草皮看起來比較綠的原因

在成為聲優以前，我不太會覺得好羨慕其他人、或者強烈覺得自己劣於他人，但在幾乎沒有工作的時代，我倒是常常與人比較「聲音」或「表現方法」而搞得自己非常消沉。

聲優夥伴當中，有許多童星或者劇團出身的演員。

雖然這只是我個人的見解，但是像我這種去上『培育你成為聲優的課程』，特別將心力放在聲優技巧的人，不管有多麼努力，都無法展現出唯有他們才有的獨特魅力。

純粹是喜歡「戲劇」，也非常享受演出這件事情——。

再加上他們身上已經具備了磨練過的技巧，大概是這樣吧。

說到底他們的起點就和我們不一樣了。

他們在成為『聲優』之前，就有以『表現者』的自覺及經驗為基礎的演技，我真的非常羨慕。但那是當下無論如何努力都無法填補的鴻溝。

話說回來，只是在一旁羨慕或嫉妒自己所不具備的東西，也不會對當下狀況有所加分。

為了多少了解一些他們魅力的秘密所在，所以我比別人更加用心去研究和聲音演出有所不同的領域，像是影像及舞台的演出呈現等等。我非常尊敬他們的演技，同時也希望用自己的表現方法，逐漸取得聲優的工作。

我深信就算接觸演出的方法不同，每個人也一定會有各自不同的魅力。

「演出」究竟是什麼？

所謂「演出」，實際上究竟是怎麼回事呢？

事實上我自己也還在摸索當中，目前也還沒找到答案。

但是，不管去到哪裡，我想都是一樣的，那通常就是在『自己』腦袋當中的東西。

我聽說在舞台劇演員當中，也有那種演出時與角色完全同步，也就是所謂的『附身型』演員。如果有那種強勢的才能，肯定會讓人覺得非常帥氣，我也很憧憬那樣的演出方式。

但就像我前面所說的，那種演技方式，對於要與時間賽跑的錄音工作現場來說是否實際上有需要，又是另一回事了。

以我來說，從高中話劇時代起就一直都是「抽屜型」的演技。

那是隨著場景不同，在自己內心找到與其感情有所關聯的部分，找出應該要如何表現該角色的一種方式。這樣寫出來，乍看之下似乎非常簡單，但其實經常得要面對自己想迴避的負面的情感、以及反覆挖掘出一些丟臉記憶才行。

首先，要是自己心中沒有儲存那些經驗或記憶，讓它們成為一個個抽屜的話，就無法取得與角色關聯的線索。

要從自己的記憶與經驗當中，嘗試「將這個部分擴大，用來模擬角色的狀況或心情不知道行不行？」的方法，並從錯誤中獲得經驗。

我認為，對演員來說，『體驗』事情，真的是非常重要的訓練。

另一方面，特別是以動畫來說，經常必須演出「如果過著一般的日常生活，是絕對無法體驗過這種事情」的情況。

說的極端一點，例如像是殺人的場景。當然，不可能會有那種經驗吧！

這種時候，就算是只有一點點，也必須挖掘出自己與這種事情相關聯的經驗及感情。

舉例來說，回想一下孩童時期和人吵架的事情。忍不住動了手，看到對方疼痛的樣子，因而讓內心情感波動的經驗，以及揍了人之後，意外地體認到自己的拳頭也很痛的經驗等等……。

不是只有打架方面。當自己在做菜的時候，菜刀切到手指當然會很痛。只是稍微切到手而已，就流了那麼多血、抽痛不已，如果是被劍或者斧頭砍傷，又或者是被槍打中，那該會有多痛？光是用想像的就難以忍受。但那份疼痛的回憶，對演員來說卻能成為龐大的財產。這麼一想就知道，日常生活其實就是記憶抽屜的藏寶庫。

各種情結、家庭問題、與朋友間的關係、失戀、前途、霸凌、莫名的不安等等。也許偶爾還會有想死的念頭。但對於演員來說，就連那個「想死」的感情，都能夠拿來活用。

大家會不會覺得，累積了各式各樣經驗的人，還真是挺帥氣、光是聽他說話就覺得有趣呢？我認為那是由於累積了各種經驗，成為他的魅力及深度，並且散發出來。不管是多麼負面的經驗，對於各自的人生都不會是浪費。

尤其是聲優……在演員這種工作上，這是毫無疑問的。

另外就是人類有所謂的想像力。以自己的經驗為起點，能夠將自己的想像幅度拓展到多寬呢？這正是聲優的感性、以及被認知的力量所在吧？

戲劇的理論或技巧這類東西，應該是可以之後再來逐漸具備的東西。

以聲優來說，我認為最重要的還是『想像力』。

聲優沒有年齡的高低潮期

最近越來越常能夠聽見「我想成為聲優」這樣的話語。

如果有許多有才能之人以聲優這個職業為目標，那便有更多切磋琢磨的機會，日本的聲優界本身的水準應該也能比現在更向上一層樓吧！想成為聲優的人增加，這件事情本身是非常值得開心的，我身為一個專業人員，也能夠重新振奮自己的心情。

聲優這個職業，我認為是沒有所謂的年齡高低潮的。

以運動選手來說，會由於體力或視力衰退，就算違背自己的意願，也一定會有一天必須要考量退休的事情。

但是對聲優來說，就算是由於年齡增長、感覺到身體變衰弱了，也會逐漸增加只有屆時才會擁有的韻味及魅力。

相反地以新人來說，也會有新人才有的優點。自然而具新鮮感的語調，是那種累積了某種程度以上的經驗後，不管再怎麼努力都無法再次表現出的技巧。而那種「青澀」或許也能成為抓到角色精髓的關鍵點吧。

也就是想要以成為聲優為目標，沒有太晚或者太早這種事情。

不管是10幾歲、20幾歲，或者50幾歲都不是問題。

如果曾經歷經其他職業，之後才以聲優之路為志向，我認為那絕對是有可能的。不如說經歷甚至會成為那個人的武器。

我是很早就以成為聲優為志向，直接走上這條道路的人。因此，也會羨慕那些有其他工作經驗才成為聲優的人。

舉例來說，要演出上班族的時候。實際上有那種經驗的人、和沒有那種經驗的人，我認為對於角色的理解度是天差地遠的。對於沒有經驗的我來說，只能以資料來學習、或者詢問他人之後，來想像那個角色；但若有演員原本就是上班族，他的真實體驗就是無可取代的武器。這是非常大的差異。

另一方面，提到「以專業聲優的身分謀得生計」，又是另一回事了。

這個世界，不管是多早就決定走上這條道路、拼了命的走過來，也不一定就能夠掌握機會。相反的，30歲開始挑戰的人、與20歲就以此為職的人在「聲優的經驗值」這方面，實際上理所當然的有10年份的差異。而要與那些「早了十年的前輩」們競爭的障礙，當然也會隨著他們年齡增長而增加。

以我自己來說，從我決心當聲優起，到了實際上能以聲優一職養活自己，花了非常多年。正因為我自己知道這有多麼嚴苛，所以也無法輕易說出「請以成為聲優作目標！」

但相同的，我也絕對不認為「因為很嚴苛，所以最好放棄」。

正因為有挑戰的價值，所以我現在才會在這裡。

如果已經有所覺悟的人，還請務必嘗試，如果哪天我們能在現場見面，那就是我最開心的事情了。

第4章

所謂的專業人士

具有自我的指標

身為一個聲優，我終於能感受到自己「大概能以此過活了」，是在我24～25歲左右的時候。也就是從我16歲進培訓所，前前後後算起來大概在第9年的時候。在這之前若沒有其他打工，實在是無法生活下去。

9年。

各位覺得是長呢？還是覺得短呢？

這些歲月，以我所在的業界來說，不算長但也不是很短……我想大概是這點程度的基礎時間吧。也有很多辛苦了10年、20年的人；相反地，也有人在出道同時就成為受歡迎的聲優而開始活躍，不過這樣的例子比較少。

聲優這個工作並沒有「這樣才正確」的明確指標。甚至有可能因為某些契機，不知在何時就打通了這條道路。

就算曾經歷那些不得志的時代，好不容易才能只靠聲優工作謀生，也不能就覺得「這下就安心了」、「一輩子都能安穩生活了！」

並沒有那回事。接下去還沒人知道會發生什麼事情呢！

一集30分鐘的電視動畫，有同樣專業的A和B演出。飾演主角的A雖然連講了30分鐘的話；但飾演小角色的B卻只說了一句「午安」。

但是，兩個人都是相同『等級（由協同組合日本俳優連合（※譯註）制定，代表每個演員應該得到的演出費用指標）』聲優的話，基本上無論台詞量有多少，都一樣會拿到演一集的金額。

也就是說，在聲優業界裡，並不一定就是「受歡迎＝某個程度的收入」。相反地，那些各位經常在動漫雜誌上看到的聲優們，也不一定就都只靠本業來賺錢。以我來說，也曾經有就算是主演的動畫都上映了，我也還得照常打工的時期。

※譯註：日本的演員工會。

還有，雖然這是個人的感覺，但我認為另外還存在著所謂『當季聲音』這種困難之處。這並不是指該演員的魅力的高峰期，而是會讓社會覺得「這個聲音很有趣呢」、「這跟現在的時代很合」的時期。這個所謂的當季，恐怕是不會永遠持續下去的。更明白點說，不管表現出了多麼有趣的演技、又或者是聲音多麼地富有魅力，也經常會因為製作單位方面的各種考量，而不被錄用。

也許所有的世界都是這樣，當然聲優業界也不例外，在各種方面來說，都是非常不穩定、未來情況不透明的地方。

正因如此，我認為在『自己的心中』確實地掌握著「應該如何面對工作」、「應該如何執行工作」這種明確的指標，是非常重要的。這不僅限於聲優，只要是立志要從事某種職業的話，應該都是一樣的吧。

接下來我想告訴大家的，是我針對「專家應有的心態」的思考內容。

為了什麼而演出呢？

從前，我在方向未明、只是矇著頭往前衝的時候，內心好幾次、好幾次都湧上了「是否還是放棄當聲優比較好？」這種懦弱的心情；但看到前輩們活躍的樣子，又重新下定決心「還是試著再努力一下看看吧」，心態就這樣反反覆覆的。

到了現在，該說是一切順利嗎？倒也不盡然。仍然是每天跌跌撞撞的前進。

經常會因為沒辦法順利呈現心中所想的演出方式，所以對於不中用的自己感到非常失望；或者是在現場溝通不良，因而非常消沉。還有，徵選會落選的劇碼可是如日常生活般稀鬆平常呢（笑）。

但是現在，就算有不順利的事情，我也不會覺得想要放棄。

完全沒有打算要放棄。

因為即使我如此不中用，也還是有人願意來拜託我「希望你能演出這個角色」。

有角色要讓我演出。

有人還需要聲優梶裕貴。

只要還有人在我去挑戰之後，憑藉那結果選擇了我，我就有責任完成那件事。當然這也是我所自豪的。

雖然經常有人跟我說：「你似乎很忙，真辛苦呢」，但其實完全不辛苦。我非常希望能夠過得很忙碌。這只會讓我充滿感謝的心情。

再怎麼說，從前的我不管是有多麼地期望，也連這點機會都沒有。只要有工作就真的感激不盡了。對我來說最可怕的，就是沒有工作了。而我認為那一刻的到來，也就是不再有人「希望梶裕貴來演出」的瞬間。

如果那個時候來臨——我想，我應該就會放棄聲優之路了。當這個世界上再也沒有任何人需要我的聲音及演技的時候，我不會、也不想請大家讓我繼續當聲優。

我希望自己參與的作品，能夠盡量讓更多人看見。而到了那個作品最後一集播出的時候，希望能讓選擇我的人們覺得「選了梶來配音真是太好了」；也希望看的人都能覺得「真是有趣啊」。

對於聲優來說，沒有比那更開心的了。

以棒球和足球來說，有打擊率或得分等「數字」這種具體的評價，但就像我前面所說的，聲優並沒有那種明確的標準。雖然有每年演出集數之類的資料，但我覺得那個數量其實沒有什麼意義。畢竟正如我前面提過的，就算只講了一句話，也是會被算成演出一集。

當然，能夠演出許多作品，我認為也是很棒的事情，畢竟也可能會由於收視率不好、作品不賣座等原因，所以沒能拿到下一個作品，因此我覺得那個「數字」也非常重要。但是，我會繼續當聲優的理由，則是因為「想回應那些需要我的人」的心情。

我以一個演員身分被人需要，因此對於他們的需求以超過100%的演出來回應。

對我來說，作為一個聲優的醍醐味，以及身為專業人士的醍醐味，一切就在這個簡單的對應當中。

為了經常在最好的環境下演出

不管在聲優業界裡多少年，有些事情我還是無法習慣。

其中一個，就是因為活動等場合在大量觀眾面前率先上台。

我實在忍不住會這麼想：「聚集在這裡的客人，說不定其實大家都討厭我。」

把這想法化為文字，也許大家會覺得我實在太過誇張，怎麼會浮現這樣的念頭吧？但我真的會這樣想（笑）。

我從孩提時代就是這樣，對於現在仍然怕生的我來說，前往各種工作現場，要自己積極地與別人溝通、化解冷漠，原本就不是我所擅長的。

但在工作上，可不能這樣說說就算了。在聲優現場，每個不同的工作，理所當然成員也不會相同。如果無法融入那裡、導致氣氛僵掉的話，第一線的作業就會無法順利進行。結果甚至可能會影響到作品。

因為可能會演變成那樣，所以我不管在哪個工作現場，都會儘量早點找出「最能在這個空間圓滑地推進作業的自我立場」。之後就是盡力扮演好份內角色。我經常俯瞰整個場合，一邊思考應該如何溝通、一邊執行動作。

如此一來，自然就會明白，我應該要如何行動。

如果有那種擅長炒熱氣氛的人，基本上我就不會說話、改扮演聆聽者，如果忽然靜默了下來，我就會察覺「這時候要講話會比較熱鬧」然後開口。如果覺得這時候應該要有人裝傻，那麼我就會負責裝傻；需要有人吐槽的話，那麼我就會吐槽對方。

如此一來，對話就能變得更有趣，現場整體也能團結一致，沒有比這更好的事了。

到了現在，我不管在哪個現場，都會和幾個感情不錯的演員打成一片，我也不像以前那麼神經質了，變得比較能夠輕鬆地工作。

但是，新人演員又是如何呢？

我想一定會和從前的我一樣，舉手投足都不知道該如何是好，也因為不知道該怎麼和我們這些前輩應對，因而緊張的要命，甚至可能無法集中精神演出。因此我盡量留心，有沒有因為無法融入現場氣氛而感覺不舒服的人、是不是只有我們自己和樂融融熱鬧滾滾？

如果有人孤立的話，就向他搭話，為了帶出那個人的優點，我也會一起思考。如果他不希望那樣的話，當然我也會選擇其他的方式。站在「座長」這個立場，會經常接觸到現場的所有事情，除了自己的事情以外，感受到周遭事宜的機會也會增加。

這是我到目前為止參與很多現場工作後獲得的經驗，也是我一路看著許多得以仰賴的前輩背影所學得的。從『鐵馬少年』起，我就在思考身為「座長」應有的樣貌，到了現在，我想自己終於有些體悟了。

原本我覺得自己並不是那樣的人，說老實話也覺得自己不適合。

但那是為了打造出讓自己能夠集中精神、發揮１００％的演技，並且創作出好作品的最佳環境所必需的。這樣的話，我也只能以專業精神去面對了。

閱讀這本書的讀者當中，也許也有人在煩惱「我非常的內向、又很害羞，該怎麼辦……」害羞這種感情，是人人皆有的，事實上我想應該很多人都是這樣。

但是，不僅僅是聲優，只要出社會工作，就一定會出現讓你必須要跨越自己那道障礙的瞬間。

到了那個時候，請你做個深呼吸、俯瞰自己當下所處的狀況。只要能確實掌握當下，自然就會知道應該要做些什麼了。

規劃製作自我本身

有時我會獲邀參加見面會等活動，這時就有機會能夠和前來的客人們直接談話。像這樣的活動，通常我都是屬於被問的那個。

備感榮幸，通常都會有願意積極舉手發言的朋友到場。看著他們的樣子，雖然在舞台上的人是我，但我卻老是覺得他們「真是太厲害了」。

各位已經知道，我是不太擅長站在他人面前的類型。因為我自己是這種情況，所以活動上詢問台下觀眾時，我老是忍不住加上幾句「如果方便的話」或者「覺得害羞的話，不用舉手也沒關係喔」之類的話。畢竟如果是我自己，大概是很難跟著主持人做出反應吧……（笑）。

而如此害羞的我，卻還是常常上廣播、娛樂性質節目、活動等等的理由，就只是為了「希望能讓更多人理解聲優這項工作」。

我非常希望能有更多人能夠理解到「動畫配音、影像配音很有趣呢」、「聲優真是個厲害的工作呢」。

雖然說，如果能夠不要站上表面的舞台，而是專心於原本聲優的工作，就能傳遞這個工作真正的魅力，這樣是最好不過了……但現實上就是非常困難。

如果積極地在各種媒體上露臉，就能夠因此多少讓更多一點的人去看動畫或者配音電影，並且能傳達其中樂趣的話，我會願意這麼做。我是抱持著這種想法參加這些活動的。

我在聲優培訓所接受訓練，成為了專業人士，也就是所謂『有聲優樣子的聲優』。因此我希望能夠對於這個有恩於我的業界，多少回饋一些。

最近很令我感激的，就是類似這次能夠讓我出版書籍等，這種全新領域的工作機會也增加了。原本我就很喜歡「創作些什麼」，所以對於能有戲劇以外的表現方式也覺得非常開心。以拍照來說，就會成為『模特兒』讓許多人觀看，雖然我現在也還覺得那樣挺害羞的……，但既然請我做，那麼我的工作就是身為該作品的被攝者，要盡可能的表現出成果。一旦開始攝影，我就會轉換自己的心情，只想著盡力辦好。

挑戰各種不同領域，希望多少能夠將這些經驗展現在『聲優』這個工作上——。為此，我也覺得自己不能總是那麼被動。客觀地掌握自己的展現方式並加以選擇，自己發出訊號來取得那些工作，也是有必要的。

各位知道「自我製作」這個詞嗎？

當要展現自我這個存在的時候，首先要客觀地觀察自身看起來是什麼樣子，再根據那個結果，表現出行為或者舉手投足的動作，演出自己，大概就是這樣的技巧。

如果想要傳達一件事情，那麼也必須積極地使用這種戰略。

我認為這對身為學生的各位，是非常有用的技巧。因為自己能夠演出想讓他人看見的自己，這種能力，在出社會以後是非常需要的。

與他人的相遇會引導自己

我在平常的時候，覺得有件事情不是僅限於工作，而是對要活下去本身就是非常重要的事情。

那就是由於『運與緣』而聯繫上的，與他人的相遇。

在這方面，我認為自己可說是有著不能再好的好運了。有無論何時都會鼓勵我、站在我這邊的家人。有為了能夠讓我在最佳情況下表現，而盡自己最大努力的經紀人。在我還是新人的時候，我常因沒有表現機會而感到萬分不安，卻有那些經常掛心我的前輩。還有總是會互相切磋琢磨的夥伴們。

正因為有許多人支持著我，所以我現在才能夠繼續走在這條道路上。

這些重要的『緣分』其中之一，就是我遇見了恩師——音效指導三間雅文＊1先生。

＊1　**三間雅文**｜音效指導。1962 年生。代表作是『精靈寶可夢』、『閃電十一人』、『進擊的巨人』、『我的英雄學院』等系列。

我想，對於音效指導這個工作，應該有必要再補充一下。

在動畫製作方面，站在最前頭打造出整個世界的，應該不用解釋，就是導演了。而必須要理解導演想營造的世界觀，指揮所有聲音、音樂、效果音等等與音效相關工作的，就是音效指導。在配音的時候，音效指導會負責整合現場，汲取導演的需求之後，一邊向聲優提出明確的指示、一邊進行收錄工作。

也就是說，這個工作是站在導演和聲優之間，「從演員身上引導出最佳演技的橋梁」。

因此，他必然就是在配音現場當中，離我們演員距離最近的工作人員。

針對聲優演技的監督修正方法，會因不同的音效指導而異。

而在這當中，三間先生並不是單純地告訴我應該要怎麼說台詞，而是從頭開始教導我演戲的樂趣、面對戲劇的方式、針對角色應該要如何思考、以及如何捕捉角色精髓，這些「對於聲音演員來說必須要有的基礎」。

在業界當中，有許多人都對三間先生抱持著「很可怕」或者「非常嚴厲」的印象，因此在我第一次與三間先生合作的『閃電十一人＊2』工作確定下來的時候，我也是抱持著相當大的覺悟前往現場的。

但是……實際上見到他之後，這和我印象中知道的，也就是所謂的「很可怕」或者「很嚴厲」的感覺不太一樣。

在現場的完全就是一位專家。為了讓演員能夠實際地理解『演出』這件事情，絲毫不吝惜所花費的時間，只是非常盡力地面對工作，是專業的音效指導。他不會劈頭就說：「不對！應該要這樣！」反倒採用完全相反的方法，所以明明是被指出缺點，但一回神，我居然非常興奮地想著「所以接下來要換成怎樣的方法來表現呢？」沒想到我身為演員的挑戰精神居然被點燃了。

「如果你自己被人這樣說的話，會怎麼樣呢？你認為自己會是哪種感情變得十分

＊2　『閃電十一人』｜2008 年起發售的遊戲軟體系列。同年由東京電視台等公司播放系列動畫。以「異次元足球」為主題，發展成出其他足球動畫所沒有的嶄新劇情，因而受到歡迎。

高昂？」

「如果想像他的心情，身體有沒有哪裡會比較用力？」

就像這樣，他會一項項、仔仔細細地把方法丟給我。

三間先生絕對不說出答案。而是拋出許多能夠引導出答案的線索，在各種方面幫助我。

因此我也只能以三間先生的話語為提示，自己努力思考該如何拚命去找出答案。

重複累積這樣的步驟以後，角色感受就不僅是存在於腦海，而是能充分用心理解。

如果只是命令我「你就這麼辦」的話，也許當下場景的台詞就沒問題了。但是，若無法理解根本性質的東西，如果又遇上相同課題，那就只會重蹈覆轍而已。

就算是很花時間，如果沒能自己發現、讓自己心中能夠浮現出那種演技的話，就沒有意義了。

既然是專家雇用專家，那麼就沒有妥協的餘地。

也許有人覺得他這樣非常嚴厲，但我也認為，工作就應該要這樣。這樣一想，看來我心中也已經確實繼承了「三間主義」了呢（笑）。

雖然是題外話——。

這是我漸漸會被叫去三間先生的現場之後，某次聚餐的事情。

「我一開始還滿討厭你的呢。」

他曾經這樣對我說。以三間先生的觀點來看，似乎對我的第一印象不是很好呢（笑）。

但是不知何時起，因為他判斷「梶這孺子可教」，所以在那之後才會有更多作品需要我。無論如何，在我還是新人的時候，很快就遇到了像三間先生這麼棒的音效指導，對我來說真的是感激不盡的緣分。感謝。

對手的存在

對各位來說，有沒有那種你覺得「絕對不想輸給他！」的對象呢？

對我而言，若問我有沒有無可取代的朋友、同時也是對手，也就是所謂的『戰友』的聲優夥伴，我總是會先想到代永翼。

沒錯，就是在我剛接觸這圈子的時代，與我一對一競爭角色，最後卻敗給他的對手。

我和他在那之後，因為常在不同現場見到面，逐漸也變熟了，加上我們年齡也很接近，是我感情好到可以一起主持個人廣播節目十年的好朋友。

以往由於音質的印象和領域都很接近，所以我們常常會參加同樣的徵選會。就算我過關斬將、感覺進展不錯，但到頭來合格的卻是代永……這種事情還滿常發生的。畢竟我們關係很親近，說老實話這樣還真是挺心酸的（笑）。

話說我仍是新人的時候。

有一次我們兩個人一起吃飯，然後有人打電話給他。雖然我不是故意要偷聽，但聽到代永說：「OO角色對吧！非常謝謝！我會加油的！」肯定是聯絡某個角色的工作確定了。

「……那個，是我也有去參加的那場對吧？」雖然我有些失落，還是裝作非常平靜。但內心其實非常懊悔。

「如果是今天聯絡合格者的話，就表示我這邊，明天會接到落選的聯絡吧……」明知不合格卻還要接那通電話，沒有比這更悲慘的事（笑）。

2008 年，代永跟我說他得到了「第2屆聲優大獎新人男演員獎＊3」時，我心裡除了坦率地祝賀他的心情以外，同時也浮現了「這樣一來我就完全被拋下了吧……」的絕望心情。

輸了就會非常懊悔，也會有些許羨慕的感覺。

但是，只要看到他對於工作的真摯態度、以及他身為聲優的才能，就算我們互為

＊3　**聲優大獎**｜每年 3 月會頒發給該年度最讓人印象深刻的聲優。有男主角、女主角、男配角、女配角，以及新人男演員、新人女演員及歌唱獎等。最初是在 2006 年為了紀念外國電影在日本上映 50 周年而舉辦的。

對手，也會單純地覺得「他這項能力真是非常優秀。我實在辦不到呢」。

正因如此，也曾經有段時期，我覺得他實在把我們的差距拉得非常大、因而非常焦躁。但我對於這個對手，也不忘懷抱尊敬之意。

懊悔之心也不知在何時成了「可惡！我絕對不會輸給那傢伙的！」這樣的動能，這也許就是我的長處吧。

我尊敬同為專業人士的他，也認為和他在一起就能互相切磋琢磨。

這種『對手』的存在，可是向天祈求也很難獲得的呢。

不過他也是曾經讓我浮現「要是沒有這傢伙就好了！」想法的對手（笑）。

即使如此，我和他現在仍然建構起非常棒的關係，人生真的是很複雜呢！

就像那些一直對著我說「你沒問題的」那些前輩

和對手一樣無論如何都感謝不完的，就是值得仰仗的前輩們。

尤其是我新人時期，好幾次都被前輩的話語拯救……。

從前，當我對於工作莫名不安而找人商量的時候，總是告訴我說「你沒問題的」人，是森久保祥太郎＊4先生及櫻井孝宏＊5先生。

兩位私下也經常帶我去吃飯，還會把已經用不上的服裝送給我，於公於私我都受到他們非常多的幫助。

這兩位我打從心底信賴的前輩，他們對我說的這句話：「你沒問題的」，讓我感受到文筆無法道盡的激勵。

現在我也30來歲了，在現場擔任座長這個角色的機會也變多了。

＊4　**森久保祥太郎**｜男性聲優。1974年生。於1996年以『爆走兄弟Let's & Go!!』作品出道成為聲優。代表作是『魔術士歐菲』的歐菲一角、『棒球大聯盟』的茂野吾郎、『火影忍者』的奈良鹿丸，及『飆速宅男』的卷島裕介等。

＊5　**櫻井孝宏**｜男性聲優。1974年生。於1996年以『爆走兄弟Let's & Go!!』作品出道成為聲優。代表作為『Code Geass反叛的魯路修』系列的樞木朱雀、『鑽石王牌』的御幸一也、『小松先生』的粗松等。

我也體會到，現在輪到我要像過去森久保先生以及櫻井先生為首的那些前輩們一樣，應該是要站在能夠成為晚輩力量的立場。

在雜誌的訪談中，關於「目標聲優」，我也曾榮幸被提名過，除了高興以外，也覺得「我還不夠好呢……」因此有些不安，也感受到壓力。

畢竟我從以前，就不太擅長作為「前輩」這件事情啊。

即使如此，現在我也覺得自己必須要摸索出在給予晚輩建議時，屬於自己的一套方法。因為我認為，這正是對於一直都對我很好的前輩們，最好的報恩方法。

為了保持視野寬闊

雖然我非常喜愛工作，不過長久以來只往來於自家和錄音室，有時候不禁覺得自己的視野越來越狹窄。

如果心靈沒有任何感動，演技也會缺乏深度。

為了盡可能不讓自己變成那樣，我非常注意要讓自己保有轉換心情的時間。畢竟那對於自己要繼續工作下去一事，也非常重要。

話雖如此，我是那種就算休假，也會一回神才發現自己還在想工作的人。就算讓『身體和喉嚨休息』，也還是很難有『心靈的休息』。因此現在休息的時候，我就乾脆地出外旅行。

只要時間許可，不管是國內或者國外，我都會盡量走出去。

我第一次出國是到關島。由於覺得出國的解放感實在令人感到舒適，因此之後一有機會，我就會盡量出外旅行。

義大利、法國、英國、德國、芬蘭、澳洲、墨西哥、美國、阿拉伯聯合大公國、印尼、柬埔寨、新加坡、中國、台灣……。

雖然我在工作時也曾經造訪一些地方，但這樣一路寫下來，才體認到自己還真是到處旅行、踏遍了不少地方呢！

出了國，也經常會遇到一些在日本無法體會的事情。像是餐廳拿出了意想不到的菜色、原本要搭乘的班機因為航班調整而不飛了……之類的事情。

尤其是非英語圈國家，語言也完全不通，經常發生「Help me！」的狀況。因為這些狀況，會感到驚訝、開心，又或者感動。比起在日本，感情的震盪是在日本平日的好幾倍。

就算是發生了非常丟臉的經驗，反正那邊又沒有人認識我！所以發生什麼事情都沒關係！

雖然我的英文說得不是非常流利，當然也經常遇到語言不通的狀況，但也覺得「反正我本來就不是說得多好，乾脆講些怪怪的話讓他們開心笑出來好了！」而放寬了心。

這可是平常害羞到連他人眼光都萬分在意的我呢（笑）。

去了國外，很不可思議的，就會比在日本的時候還要有行動力呢！

對於身為學生的各位來說，要突然出國旅行，可能困難度太高了。

但是請偶爾下定決心，去接觸那些與平常不同的世界，而不是停留在家、學校或者這些地方的附近。拓寬自己的視野，是非常棒的事情喔！

緊張刺激的體驗，其實還挺不壞的呢。

COLUMN

VOICE ACTOR JOBS

來窺看一下聲優的工作吧！

ONE DAY SCHEDULE

聲優 1 天的時間表範例

（梶裕貴）

「實際上可能同時有好幾檔電視動畫的錄音，每天時間表都會不一樣。」

7 點　起床
9 點　出門
10 點　電視動畫作品錄音
14 點　雜誌採訪
16 點　國外連續劇配音
20 點　徵選會
22 點　直播
24 點　回家
凌晨 1 點　確認明天之後的劇本等
凌晨 2 點　就寢

提到聲優主要的工作，
自然就是配音現場。
他們是在什麼樣的地方、
執行什麼樣的工作呢？
現在就以梶裕貴先生為範本來介紹吧！

攝影協助／HALF H・P STUDIO
螢幕示意影像／電視動畫『進擊的巨人 第二季』
（藍光 /DVD 發售中
日本生產販售商：波麗佳音）提供

VOICE ACTOR JOBS

何謂配音用錄音室？

大致上會分為錄音間和混音室。
這是標準式的配置。

錄音間

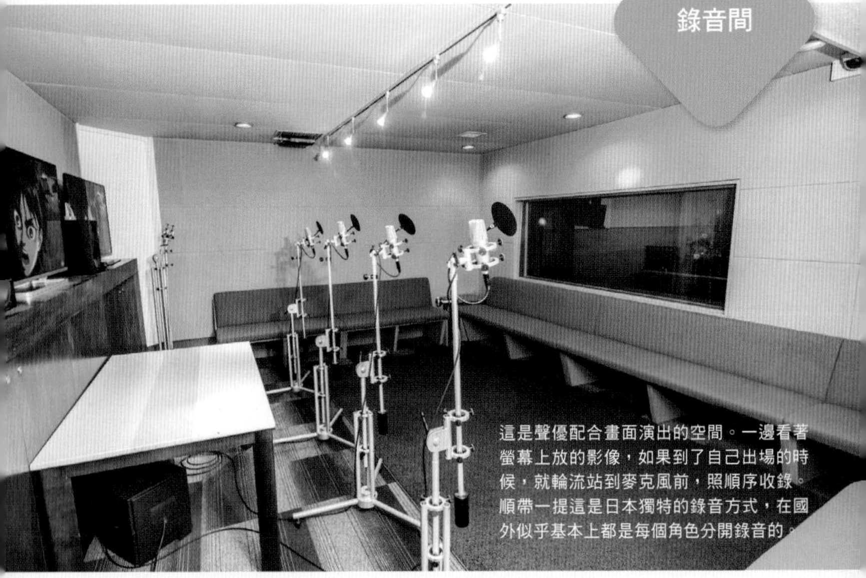

這是聲優配合畫面演出的空間。一邊看著螢幕上放的影像，如果到了自己出場的時候，就輪流站到麥克風前，照順序收錄。順帶一提這是日本獨特的錄音方式，在國外似乎基本上都是每個角色分開錄音的。

＼ 螢幕 ／

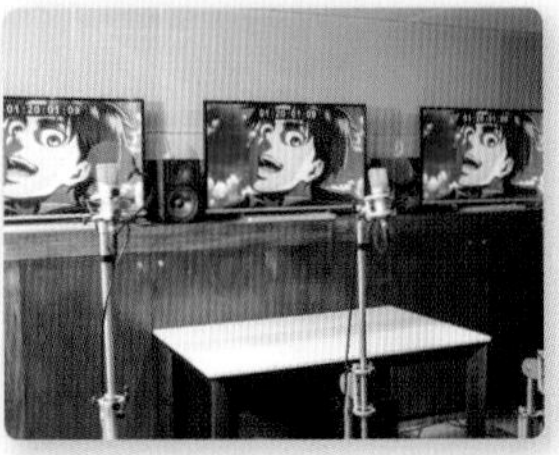

由於動畫製作非常花時間，因此錄音的時候，通常影像都還是半完成品……之類的。也因此，影像上的時間顯示也會是演出時的重要指標（照片上螢幕的時間顯示僅為示意）。

＼ 麥克風 ／

在演員前面的圓形網子，一般稱為「防風網」或者「防噴罩」。如果吐氣直接噴到麥克風上的話，噪音也會被收錄進去，這是為了防止噪音而設置的。

一般來說，錄電視動畫的時候通常是放四支麥克風左右。

＼ 工作人員區 ／

導演、作品監督等工作人員會在裡面，委託者則會坐在前面，確認演出狀況。

混音室

在聲優於錄音間配音的時候，提出指示、進行調整的工作人員會聚集在這個房間裡。演出的時候後方會有很多雙眼睛在看著。

＼ 操縱席 ／

為了讓指定的場景影像即時出現在螢幕上，會有專門負責操作的人。

＼ 混音台 ／

聲音大小的調整，居然是在錄音中即時調整的喔！推鈕與錄音間裡的四支麥克風是相連的。

＼ 音效指導席 ／

錄音的時候，將指示傳達給聲優，基本上就是音效指導的工作。理解導演、作品監督的方向之後，以對講系統對錄音間提出指示。

VOICE ACTOR JOBS

聲優的工作用工具有哪些？

以下介紹梶裕貴的工具，並附上他本人的訊息。
他也非常注重要調整身體狀態呢！

＼ 口罩 ／

特別注意自己的身體管理。「口罩是一定要準備的。除了夏天以外，移動中一定會戴，室內也盡量會戴著。另外雖然無法帶著到處跑，不過我家裡和事務所都必備加溼器。」

＼ 三色原子筆 ／

攜帶錄音中用來做筆記的用品。「我喜歡用三色原子筆。呼吸位置會用黑色打勾、自己台詞的記號或者即興台詞會用紅色、分開錄音用藍色，這樣分色使用很方便。」

＼ 錄音劇本 ／

劇本通常在錄音前大約一星期左右會送到聲優手上。「錄音前我會連同影像一起確認，檢查呼吸的時機之類的。在進入現場前，就先確定好自己的演技方針。」

＼ 隨身包面紙 ／

會選這款隨身包面紙是「因為很軟又很可愛，所以我非常喜歡（笑）」。

＼ 喉嚨相關物品 ／

這也是照顧喉嚨的好夥伴。「如果覺得有點乾燥就吃喉糖。活動前或睡前也會吃。」

沒有什麼特別的東西啦……（笑）。這八件東西是我一定會放在包包裡的。

＼ 手帳本 ／

梶裕貴在手帳方面是手寫派。「我用的是打開來可以確認整個月行程的款式。和經紀人開會的時候就會寫進去，有時候也會寫還沒確定的行程。現在大概都會寫到1年後左右。」

＼ 耳機 ／

藍芽無線耳機，主要是移動時候的夥伴。「確認我自己配音角色的角色曲旋律等等……還有就是移動中會看看電影之類的。」

VOICE ACTOR JOBS

錄音中的樣子？

錄音的時候，
聲優會在錄音間內做些什麼事呢？
我們請梶裕貴稍微示範一下這個流程！

這次只有我一個，所以看起來好寂寞喔……（笑），當然實際上旁邊會有很多聲優和工作人員，大家請用想像的來看！

＼ 出場前都在後方待命 ／

「在錄音開始前的 10～20 分鐘左右進到現場。錄音間後方有待命用的椅子，就在輪到自己錄音之前，一邊確認劇本、靜靜等候上場。」

＼ 工作人員會從混音室下指示 ／

「演技方面，會由音效指導以對講系統下指示。」

＼ 筆記指示或感受 ／

「有時候會需要即興台詞。另外還可能有分開錄的部分，都會現場才決定。」

\ 空閒時間就進行溝通 /

「錄音室沒有類似休息室那種地方，所以會在共用的待命空間裡和大家共度休息時間。這也是和共演者及工作人員溝通的重要時間。」

\ 測試之後正式上場 /

「在進行測試的時候，磨合自己準備好的演技方向性及工作人員的作品意圖。之後就正式上場。」

\ 錄音時間大約 3 小時 /

「如果是 30 分鐘的電視動畫，一般來說是 3 小時左右會錄音完成。」

以上介紹的是錄 30 分鐘動畫的情況。如果是遊戲或旁白的話，就會在比較小的錄音間、自己一個人進行錄音，氣氛也會大不相同！

這裡是個負面感情及經驗，
也能成為自己武器的地方。

希望有一天，
我們可以一起
站在這裡。

第5章

為了能持續被選上

在夢想前方的事物

2012和2013年度，我非常榮幸地拿到了「聲優大獎男主角獎」。

那時候，我演講的內容大概是「一直到幾年前，我連自己是不是能靠聲優這個工作活下去都不知道，沒想到竟然能夠拿到這麼棒的獎項……。」

說到底其實那時候，我的心裡也還是沒有工作已經上了軌道的具體感覺。

而一回神，我也邁入30多歲。已經成為很難被稱做新生代的專業人士了。

從20多歲能夠靠聲優這行謀生，一直到現在，每天只是冒失魯莽地度日。也因為有支持我的所有人、受到許多人與作品的恩惠，所以我現在才能感受到，自己過著一個幸福的聲優人生。

現在的我，也許可以說是終於走到了，在我少年時代心中描繪出的『聲優的起跑線』上吧。

而在這之間，我感受到了自己各式各樣的變化。和以前相比，我能夠更加客觀地看待自己，也總覺得能夠看見今後應該要努力達成的新目標。

另一方面，我也意識到自己不再是新人，有著不同的立場。和我競爭相同角色的對手，也增加了許多後輩聲優。

沒錯。

雖然這是我一再重複的話，但是聲優之路並沒有『安穩』這兩個字。

在最後一章，現在的我將針對「夢想前方的事物」跟大家分享，希望能夠作為我在本書中最後的訊息，獻給今後準備要成為某種人物的各位。

如何面對後浪來襲？

累積自己的經驗，邁向下一個階段的同時，理所當然的，業界也會不斷地有新聲優誕生。在運動界也是一樣的吧？每年都會有許多令人期待的新人加入。

但是，能夠生存下去的只有少數——。

我們這些中生代，拼了命地追著前輩的背影跑，並且背後還有新人在追趕我們。

而我們這些「中生代」為了要繼續戰鬥，應該如何是好呢？

有許多年輕聲優就像從前的我，飢餓精神全開地挑戰徵選會。現在我會覺得這樣實在很可愛、也覺得他們非常可靠，但當我自己20幾歲的時候，對於那種狀況可是非常焦慮的。

這個業界目前除了動畫和影像配音、遊戲等大家熟悉的範疇以外，聲優活躍的領域正快速地增加。

手機APP、情境CD、成立偶像團體進行活動、SNS的有聲貼圖等等，各式各樣都有。

如果工作的範圍變得如此寬闊，當然可以拿到手的機會也會增加。但同時，我也感受到現在與我還是新人時相比，打算成為聲優的人口也有了爆炸性的成長。

進業界的人增加了，但能夠以聲優身分謀生，也就是所謂的『專職聲優』的這個生存名額，實際上還是備受限制。

狀況既然已經如此，我認為相當重要的一點，就是找出「自己是因何而被需要、為何會在這裡」的理由。

要找出這個答案，對於已經30多歲的我來說，也是目前的課題。為了要邁向下一個舞台，不能太過保守、而應該要逐漸切換自己才行。

因此，在進行這項挑戰的時候，重要的就是目前為止一路建構起來的，與許多人之間的信賴關係。

只要有人需要我，就必須繼續回應對方的期待，這就是我身為聲優最重要的指標。

從這個層面繼續向外擴展，希望能夠讓更多人覺得「想與梶裕貴一起工作」，這種心情不管是現在、還是往後，我想絕對都不會改變。

夢想永無止盡

除了我個人的指標「希望一直有人需要我這個演員」以外，另外還有一個正在探索中、想要作為自己生涯職志來進行挑戰的夢想。那就是希望能夠讓更多人，了解聲優和動畫的魅力。

為此，特別是在我30歲以後，就開始積極地希望可以參與那些能夠廣泛地讓平常沒有機會接觸到動畫的人，也可以注意到這些事物的企劃和作品。

和從前相比，日本的動畫文化被國外稱為「Japanimation」或者「Cool Japan」，連同這些表現業界的嶄新詞彙，這類文化也逐漸受到好評。

但我也覺得另一方面，目前這個業界仍然會被一些偏頗的先入為主觀念看待。但是，若因此就認為「無法理解的人不要進來」而把大門關上，那就太可惜了。

我認為，這麼美好的世界，應該要讓更多、更多的人都感到親近才是。

同時，我也認為自己必須要更加了解動畫業界的全貌才行。由於動畫的製作現場有著非常精細的分工制度，因此除了我自己負責的聲音階段以外，其實很意外地，有非常多我還不知道的事情。

原畫、色彩、攝影……當我為了作品會議而和各階段的人見面時，想到一個作品能和如此多的專家共同完成，這個事實總是讓我感動不已。而與作品相關的每一個人，都和我們一樣，又或者是比我們付出更多倍的努力，才終於能讓作品誕生。

這樣一想，我就不禁覺得「如果要讓整個業界興盛，我想盡可能去完成自己能夠做的事情！」

這是與『聲音的戲劇』完全不同，對於各方面表現的挑戰。

而在我不斷挑戰的時候，我也感受到自己對於「演出」的意識，慢慢地在改變。

如果我貪心地吸收在其他領域的經驗值，而將其回歸到我正職的『聲音的戲劇』方面——。

我心目中理想的聲優樣貌究竟是什麼呢？

我想，結論就是「聲優・梶裕貴」吧。

將各種領域的經驗全部回饋，自己打造出並非取自他人、而其他人也無法取而代之的聲優樣貌。而那正是我身為聲優的最大目標。

這正是因為我在20多歲時有過莽撞冒失的那段歲月，現在才能逐漸看見這條道路。

各位現在懷抱的夢想也是，如果當上那個職業就代表走到終點……事情並非如此。我想在那前方，一定還會誕生新的夢想。

把那些夢想一個個拉到手邊，我想，各位有一天一定能夠走到連自己也無法想像的境界。

如果覺得痛苦，就到外面的世界

這本書也即將進入尾聲。在這裡，我想以人生前輩的身分，向活在當下、14歲的各位說些話，希望各位至少能將這些記在心裡。

我透過這本書，一直重複告訴大家「盡全力面對當下，才能獲得名為經驗的可貴財產」。

但是啊。

雖然這看似很矛盾，不過我也真的認為，「對於真的非常痛苦的事情，就轉過身、盡全力逃走」是個可以存在的選項。

對於橫跨在眼前的問題，提起「總得想想辦法處理！」的勇氣當然非常重要，但如果覺得「這也許已經不行了吧」的話，那麼為了避免毫無成果的長期作戰，這也是非常好的戰略。一點都不是懦弱的行為。

我希望各位記在心上的，就是「如果稍微改變觀點，一定會有『現在』、以及『這裡』以外的選項」。

無限寬廣的外頭世界，無論何時都會為你而敞開。

對於身為學生的各位來說，也許會覺得「家裡」和「學校」就是人生的一切了。

話雖如此，如同我前面所說的，出國旅行也許是挺困難的吧？

但是，也許試著搭乘電車，前往離自己熟悉場所好幾站遠的地方……就算只是這樣，也會到達一個沒有人認識自己的新地域。在不知名的場所，沒有任何人會在意自己，在那裡，幾乎所有事情都可以從頭開始。

學校或者家裡，只不過是讓你在出社會以前能夠有所準備的場所。那絕對不是你的一切。

如果煩惱的根源是人際關係，那就試著與那個圈子之外的人商量。試著去平常不會去的地方深呼吸。說不定和動物接觸的時間，也能夠療癒你的心靈。

還有一件事情。

就是「不管是對你自己、還是對別人，都沒有必要太過強硬」。

我現在32歲。在各位眼裡，不管怎麼看就是個真正的大人了。

但是，我想各位周遭的大人也都是這樣的，不過，其實當事人都不太會有那種感覺。不管是20歲還是30歲，再怎麼說都只是各位當下所處的那個『14歲的延長線上』罷了。

所以我還是一樣很怕生、又頑固。

也常有許多不中用的地方（笑）。

但是。如果能夠感受到與從前的自己有稍稍不同的地方，那就是我記得要能夠『原諒』自己、以及他人。

原諒——這個詞說出口，感覺好像上對下的態度，但我想表達的意思是，關於「接受、認同與自己有著相異價值觀的人」這件事情有多麼棒、同時也多麼難。

不要因為覺得「那個人為什麼會做那種事情？」，而一開始就對於對方的態度或言行感到氣憤；而是應該先接受「原來也有那種想法啊」。如果能夠接受這樣想的自己，就表示應該也能夠容許對方才是吧。

先放輕鬆點思考後，也許就能夠從別的角度，重新面對那個問題呢。

……不過，雖然我說得好像很了不起，但這對我來說也還是很難呢。

這正是我目前的課題。就算是大人，也和各位一樣，煩惱著各式各樣的事情呢。

如果對於人生選項感到迷惘

身為一個演員、身為人類，我希望能夠增加自己的深度。

但是，就像各位會煩惱「為了要成為聲優、為了要成為大人，應該要做些什麼呢？」我也沒辦法輕鬆得知，該怎麼做才能成為那樣的自己。

所以才必須要在每一個瞬間都盡力地去面對、去思考、做出最好的選擇。這正是與人類的成長有相互關聯的，同時也是為了增加身為演員的抽屜，我想這些都是息息相關的吧。

在各位的面前，存在著無限的可能性。

請先拼了命地將自己覺得開心的事情，視為最重要的事情來過生活。

還有那無法過第二次的學生生活。請珍惜與其相關的所有事物。

享受人生才是贏家。只要竭盡全力、充實地渡過每一天，那些能夠讓你實現夢想的運氣及緣分，一定會自己來到你身邊的。

SPECIAL INTERVIEW

音效指導三間雅文先生特別訪談

與聲優．梶裕貴在許多作品共事，從最近的距離看著他成長的音效指導──三間雅文先生。我們請他以聲音工作相關的「另一位專家」觀點，針對『為了成為現場所需要的專業人士』這個主題來和大家談談。

PROFILE

音效指導。為音效製作公司「Techno Sound Inc.」的負責人。於高中在學時期便出入廣播公司及音效製作公司等，學習音效指導相關知識。迄今已製作了許多大受歡迎的作品，如『精靈寶可夢』系列（1997年～）等長期系列作品，以及『閃電十一人』系列（2008～2011年）、『進擊的巨人』系列（2013年～）等。

——音效指導是個什麼樣的工作？

由於動畫製作的作業分工非常細，因此以導演為首，各階段會有不同的負責人。負責角色配色的就是色彩設計、負責背景的則是美術指導、處理攝影的負責人則是攝影指導……等等。當中負責與聲音相關部分的，就是我們音效指導。我們會從動畫製作公司那裡承包音效相關的所有流程，準備配音相關事宜、向作曲家下訂曲子、選曲等各工作，與以導演為首的工作人員邊商量內容，邊整合現場，使作品更加接近預期的樣貌……大概是這樣的工作。

音效指導的工作當中，特別容易理解的，應該就是配音的錄音現場了吧。會在錄音室裡對聲優下指示的工作人員＝音效指導，應該有滿多人都有這樣的認知。

實際上我們並不會針對演技直接進行「監督」。音效指導所在的混音室當中，有導演和集數監督＊1，將他們的需求，轉換為讓演員能更容易理解的話語，這就是我們的工作。針對聲優的演技，決定他們應該如何演出的，再怎麼說還是導演和集數監

＊1　**集數監督**｜電視動畫系列當中，負責汲取作品整體表現樣貌後，監督每一集內容的工作人員。

督的領域。

舉例來說，導演希望「希望能夠更加給人有種『碰啊！』，很有魄力感的演技」。但單純的說「碰啊！」、「有魄力的演技」，其實也有各式各樣的表現方式吧？這時候音效指導就要讀取導演所希望的表現模式，將這些轉變為讓聲優能夠容易反應在演技上的話語。大概就像是「這邊是因為想著爸媽的事情而覺得情緒高昂，產生了宛如潰堤一般的憤怒對吧？請試著把這個感情丟出來看看」這樣的感覺。

音樂方面也是如此。假設導演提出的需求是「想要有明亮印象的音樂」。那就換成更加具體的話語，比如說「早上男主角醒來的時候，覺得有宜人的風吹來，忍不住想輕跳一下，大概是表現這種感覺的曲子」等等，讓曲子更接近導演想要的感覺。

當然，不是只有在現場轉達這些事情而已。包含演員名單、錄音室使用費、作曲費等等所有與聲音相關而產生的費用，也必須好好分配、使開銷能維持在預算內，也就是必須擔綱類似製作人的實務工作。演員名單方面，如果製作委員會有非常希望能夠聘請的聲優，那麼就必須執著地去與事務所交涉。我想所有工作應該都是這樣，絕對不是像電視或者雜誌上介紹的那樣，只有非常光鮮亮麗的那一面。

無論如何，如果有人問「音效指導最需要的技巧是？」那麼我一定會回答「溝通能力」。不管是在現場、或者是在幕後的工作，這個工作最需要的手腕就是如何把我方的希望轉達給人、如何才能成功達陣。這是個很像中間管理階層的職位，所以壓力也挺多的（笑）。

順帶一提負責安排徵選會的也是音效指導，但可是一點決定權也沒有。實際上選擇聲優的是導演、製作委員會、原作者等等，也就是決定作品方向性的人。但是，如果有那種「除了主角以外的角色就交給你」的情況，那麼就會由我來根據與主要演員的平衡、預算等進行綜合判斷之後決定。

徵選會要請誰來，則是先看過劇本、詢問導演的作品意向。在這個階段，如果導演已經事先有了具體的聲優印象，那就會以那個人為主軸，找來方向性比較接近的幾個人。如果是強烈希望「務必要請這個人」的話，那就可能不辦徵選會，而會直接去找對方商量。我們再怎麼說也是接受人家委託來謀生的。如果能在這種時候達成客戶的困難要求，那麼也許也能夠拿到下一次的工作。

——『三間雅文流』的演技指導是如何？

配音的時候，就像交響樂團那樣，整體的和諧非常重要。音效指導不管被託付了什麼樣的現場，都背負著一個責任，就是作品完成時，不能夠有不和諧音。因此，會在配音的現場負責整合的工作。

以我來說，會特別留心在現場要使演員本人理解「為何要用這樣的演技」來與他們溝通。如果是沒有什麼演出經驗的新人，就真的很辛苦。其實如果能夠直接告知他們：「這句台詞是這種心情，所以會需要那樣的演技喔，懂嗎？」針對每個演技直接給予答案雖然也是可行的，但如果是錄電視動畫，就會變成每週都要這樣進行。因此以我來說，還是希望他們能夠在比較早的階段，注意到應該怎麼思考、以及如何在現場工作這些根本的部分。

因此，只要一開始收錄，我就會從最初一路追趕到最後。

假設劇本上有句「啊。」的台詞。角色也是張著口。而這時候聲優什麼也沒想，就直接張口說聲「啊。」的話，我一定會吐槽他說：「剛剛你的呼吸演技＊2是什麼樣的演技？你感覺到什麼？為什麼會驚訝？」

一被這樣問，聲優也只能說「因為角色張了口，所以就說了『啊。』」對吧？如果對方這樣回答我，那我一定會說「咦，日常生活中只要張嘴就會自然發出『啊』的聲音？有這種人？你在哪裡見過？」拼命追問對方。我很壞心眼吧（笑）。

用這種方式，先讓演員感受到「在這個現場放鬆心情的話，會被釘喔」。我想大概就是這樣子，所以才會被業界認為很恐怖吧……。

＊2　**呼吸演技**｜將安心或驚訝等感情以呼吸來表現的演技。另外，也會用來表示感受不到感情的台詞演技。

雖然也有像梶那樣，會因此而感到懊悔的演員，但也有那種「我和這個現場不合，還是算了吧」的人。那也沒有辦法。

但是，因為這些都是為了讓我自己能夠早點輕鬆而做的，絕對不是有什麼「想培育聲優」那種崇高道德之心（笑）。

既然我接受了工作，那麼我參與的作品，怎能讓它丟臉，所以一定得辦好才行。我是抱持著互為專家的心態接洽聲優的。

——由音效指導的觀點來看，聲優是什麼？

「聲優」這個職業的定義，我覺得在這十年左右已經大為轉變。從前他們是「『聲音』的『俳優』（※譯註）」所以才叫聲優。但現在也具備了唱歌和談話的技巧，已經變成需要有綜合性娛樂性質能力。有歌唱得好的聲優、也有因為遊戲而大受歡迎的聲優等等，種類繁多，照本宣科的表達方式當然已經不能通用了。所以我也有必要

※ **譯註**：俳優，即日文的演員之意。

配合對方的思想模式來進行溝通。

舉例來說，假設我希望對方表現出比較年幼的演技。如果是像梶這樣，一直都站在聲優＝演員的立場，建立起目前地位的人，我就會簡單地對他說：「你把剛剛的演技『降低一點經驗值』表現看看」。所謂「經驗值較低的演技」就是還不穩定的孩童演技。相反的要演大人的話，那麼就使用「經驗值較高的演技」便會比較沉穩。

但是，這是互相都有著演技方法論基礎的對象，才能用這種方式說明。如果對方不是演員型的聲優，通常就無法用這個方法溝通。因此如果對方還不太具備演員的經驗，但是個擅長唱歌的人，要求這種演技時，就會以「剛剛那句可以試著提高半音嗎？」等，思考如何能夠用更簡單的溝通方式傳達給他們。

最近感到困難的就是，聲優的工作有許多是遊戲作品。遊戲收錄的場合，通常不會有互相搭話的台詞，而是一個人淡薄地配上角色的聲音。在為動畫配音時，必須在大量演員中接下對話方的球，這樣應該如何演出、應該如何回應導演的希望等。但如果習慣了遊戲的配音方式，會變得無法傳接球。實際上我的印象中，覺得這樣的演員增加了。但光是嘆氣也實在解決不了這個問題。

但是，無論是什麼樣的聲優，我也希望他們都能好好的面對我們。

我們希望聲優能夠做到的事情，並不是靠我們自己就能完成。導演會設計世界觀，而音效指導則從聲音方面協助完成這個世界。但不管是導演或者音效指導，都無法把自己的聲音拿去配合畫面上的角色，為他們注入靈魂。能辦到這件事情的是聲優，而我們正是為此付錢請你們來的唷，希望他們可以不要忘記這一點。希望他們在現場好好的面對我們，並且回應我們的需求。如果表現出「希望你們能看看我練習的結果」，可完全不能算是個專業人士。

我和梶第一次一起工作，是在『閃電十一人』的現場，而我也能感受到他的專業意識變化。

我對他一開始的印象，就是『非常認真的人』。他希望能把自己在家裡練習的東西，在現場好好表現出來。如果那樣的話，表示他心中已經有個固定的演出方法，那麼就很難在現場回應導演或者監督想做的事情。就算告訴他說：「不是這樣，要那樣」也很難改正過來。

當初實在是搞不定，我簡直想打斷他的鼻樑（笑），只能憤怒地叫他重來……，一開始我的確是把他教訓的遍體鱗傷。我想他應該也覺得我很煩吧。

但合作一陣子了之後，他卻變了個樣子，表現出「可惡，我下次一定要成功！」那時候作品大概也收錄了一半左右，我嚴厲指正的用意要傳達給他還真是花了不少功夫。讓我覺得「做得很好呢！梶只要這樣保持下去就沒問題了。」而用肉眼就能看到他對於演員意識的轉換，好像是第一季差不多要結束的時候吧。

現在的梶，會在預先準備的時候，就好好地面對我們：「導演想表現出什麼樣子？我會完全配合的，還請盡量告知。」

我們合作了不少作品，感受到他身為演員也變得更加有趣的時候，是在合作『進擊的巨人』時。梶所飾演的主角艾連有一幕需要他喊人的場景，那時候梶說：「剛剛的聲音有點歪掉了，可以讓我再來一次嗎？」但那其實非常有拼命感、還挺不錯的，所以我就壞心眼地試著跟他說：「那個不太對的你可以再演一次看看嗎？」梶卻回說：「剛剛那個我沒辦法再演一次啦！我拼死喊才變成那種聲音。」

那時候我告訴梶說：「那不就是你的『心情』嗎？」身為專家，能夠重複相同的演技雖然也非常重要，但身為演員，表現出當下的心情也是很重要的，我想他那時候應該注意到這件事情了吧。也就是，就算不是很漂亮的演技也沒有關係。

之後他就都會乖乖地回應：「那我試試看。」後來和他一起工作就變得更有趣了。

但是，並非所有的現場都是與我相同的溝通方式。有各種不同的現場，所需要的東西也不盡相同。現在的梶已經能夠理解這件事情，除了回應我們的需求以外，我認為他也會加入自己的精粹，展現出『專業人士風貌』。

——三間先生所認為的專業人士為何？

這有點重複剛才的話題，不過我想，專業人士的條件就是他是否能夠好好面對向他提出要求的人吧！這不僅限於聲優，我想不管任何工作都是一樣的。好好學習、然後練習關於那個領域的事情，建構好基礎之後，面對提供工作的對象，試著去理解對方想要表達什麼、而自己又應該做些什麼，有這樣心態和眼光的人，我想就是專業人士了。

為了要成為這樣的大人，應該怎麼做呢？這也許會和梶的話題重疊，但不管是什麼樣的職業，如果想要成為專家，那麼就不能只看動畫、只玩遊戲。因為這只會讓你的世界越來越小。如果封閉在那個小小世界裡，就無法從外面將新的東西拉進來成為自己的了。

就算是覺得「有這種經驗也沒什麼用吧」的事情，我也認為都應該去做做看。經驗才是一切的基礎。更甚者，不要做和大家一樣的事情，希望能夠去做那些只有你才能辦到的、去看看只有現在才能看到的景色。雖然和大家一起談論遊戲的話題也非常開心，但如果告訴大家你自己去了某處的話，我覺得比較有趣呢。我認為所謂的戲劇，便是由這種地方而生的。

還有就是，我認為應該要思考一下，實際從事那個職業之後，自己要用什麼樣的心態面對那個工作。以我自己來說，其實並沒有必要故意對聲優說些非常嚴厲的話、惹他們討厭。就算只是把導演的話直接完整地轉達給演員，做個『人類對講機』，或許也是一種工作方式。

那麼，為何不那樣做，還比較簡單啊？這是因為我自己會變得非常無趣。所以不管是基於專業精神還是為了錢，最終都是在追求自我樂趣而已。以這為起點，之後才會有錢進來。這就是我認為的『工作』。

結語～無論何時都保持「就從這裡開始吧」的心情

第一次得到演出電視動畫的機會，在結尾秀出工作人員清單的時候，上面出現了「梶裕貴」這個名字，我依然清晰記得當時內心悸動的喜悅感。

說不定我在14歲時淡淡懷抱的夢想，那個時候就已經實現了也不一定。但實際上那個瞬間到訪時，我所感受到的卻是「就從這裡開始吧」。

這一點，直到現在還是沒有任何改變。

第一次得到長期作品的主角時、我主演的作品引發社會風潮大受歡迎時、我獲得大獎時、以及到了30歲，寫下這本書的當下，我的心情總是「就從這裡開始吧」。

也許所謂的夢想，並沒有終點線。

各位現在懷抱的夢想，又或者是今後會擁有的夢想，我想一定也是這樣。

夢想沒有盡頭。

正因如此，就算那個夢想破滅了，也能夠不斷重新挑戰。

「我想成為聲優」這個夢想，給了我許許多多的相遇及喜悅。

另一方面，辛苦及悲傷、覺得自己不中用等心情，也是經常有所體會。

如果現在有機會與14歲的我對話，我會跟他說些什麼呢？

「聲優之路真的非常辛苦。所以最好還是放棄。」

我會這樣說嗎？

那種話，當然是絕對不可能的。

「聲優之路真的非常辛苦。但也因為這樣，讓我非常開心喔。」

我想一定一定會像這樣說吧。

欸，就算是說「最好還是放棄。」我想14歲的我，應該也是完全聽不進去的啦……（笑）。

如果孩童時代，我就有「以聲優為業來謀生是不可能的」這種成熟心態，那麼我又會變得如何呢？說不定不只是夢想，不管什麼事情我都會認為「沒辦法啦」，而變成很容易馬上放棄的大人。

到底有沒有辦法，明明就是要真的試了才會知道啊！

你的人生，是屬於你自己的東西。

我想身邊會有許多大人給你建議，但最後要下決定的還是你自己。

當然其他人的意見也非常重要。因為他們是用冷靜且寬闊的觀點在思考。

但是，即使如此，最後的最後，還是得要你自己負責決定這一切。

我支持大家的夢想。不管是什麼樣的職業、什麼樣的挑戰，如果是大家想要實現的夢想，希望大家一定要好好努力。

就算半途換了個夢想，又或者夢想破滅了，那也不會就是終點。一路走來的經驗，一定會成為下一個夢想的能量來源。

由於寫了這本書，我又有了個新的夢想。

那就是「這本書的讀者將來成為聲優，某天在某處，和我一起演出作品」。

如果這個夢想得以實現，我想沒有比這點更讓人開心了。

在那個時候，我們會一起演出什麼樣的作品呢？

或許，到時候的主角會是你也說不定喔。

但是我也不會輸給你的！（笑）

只要想著這種事情，我就覺得心情好雀躍。

而此時一湧而上的心情，仍然是「就從這裡開始吧」。

擁有夢想，以自己的風格活下去，世界看起來就會有所不同。

懷抱著夢想的人，世界會變得非常寬廣。而且，他們會閃耀著燦爛的光輝。

那麼，就從這裡開始吧！

TITLE

有一天，一切都會成為你的力量

STAFF

出版　瑞昇文化事業股份有限公司
作者　梶裕貴
譯者　黃詩婷

總編輯　郭湘齡
責任編輯　徐承義
文字編輯　蔣詩綺　李冠緯
美術編輯　孫慧琪
排版　曾兆珩
製版　明宏彩色照相製版股份有限公司
印刷　桂林彩色印刷股份有限公司

法律顧問　經兆國際法律事務所　黃沛聲律師

戶名　瑞昇文化事業股份有限公司
劃撥帳號　19598343
地址　新北市中和區景平路464巷2弄1-4號
電話　(02)2945-3191
傳真　(02)2945-3190
網址　www.rising-books.com.tw
Mail　deepblue@rising-books.com.tw

初版日期　2019年1月
定價　350元

國家圖書館出版品預行編目資料

有一天,一切都會成為你的力量 / 梶裕貴作；黃詩婷譯. -- 初版. -- 新北市：瑞昇文化, 2019.01
188面；12.8x18.8公分
譯自：いつかすべてが君の力になる
ISBN 978-986-401-303-6(平裝)
1.梶裕貴 2.傳記 3.成功法

177.2　107022016